스포츠 마케터로 산다는 것

15년 차 스포츠 마케터가 들려주는 진짜 이야기

스포츠 마케터로 산다는 것

— 롸이팅브로 지음

harmonybook

대한민국 스포츠 산업과 문화가 짧은 기간 동안 폭발적으로 성장하면서 요즘, 이 산업에서 일하기 위해 준비하는 취업준비생들이 너무나 많다. 그러다 보니 부족한 정보를 해소하기 위해 관련된 커뮤니티와 아카데미가 넘쳐나고, 관련 서적 또한 점점 많아지고 있다. 그런데도 대부분의 강의와 책들은 아직 스포츠 마케터가 정확하게 어떤 일을 하는지와 동떨어진, 다소 진부하고 이론적인 정보전달을 목적으로 하는 경우가 대다수다. 늘 이것이 먼저 이 길을 걷고 있는 선배로서 가지고 있던 마음의 짐이었다. 그리고 우연한 기회에 그 마음의 짐을 강의라는 이름으로 조금이나마 덜어낼 수 있었다.

지난 수년 동안 스포츠 마케터로 다양한 스포츠 현장에서 일하면서, 학생들을 대상으로 적지 않은 강의를 해왔다. 정보에 언제나 목말라 있는 그들에게 나의 작은 경험과 솔직한 이야기가 어떤 형태로든 도움이 되지 않을까 라는 생각으로 시작한 강의인데 어느덧 십 년 가까이 됐다. 그동안 대학, 커뮤니티, 사설 아카데미 등 다양한 곳에서 많은 학생을 만나왔다. 사실, 그들에게 도움이 되고자 시작했던 강의는 언제나 나에게 더 도움이 되었다. 학생들이 묻는 말로부터 상기되는 나의 초심, 그들의 초롱초롱한 열정이 부채질하는 나의 에너지 등 늘 내가 배우는 게 더 많은 시간이었다. 강의는 강의 이상의 의미였고, 학생은 학생 이상의 존재였다. 이런 이유로 강의 시간에서만큼은 가감 없이 최대한 솔직하게 나의 생각을 나누고자 했다.

나의 강의는 항상 몇 가지 당부 사항으로 시작한다. 첫째 본인이 일하고자 하는 스포츠 분야와 회사 그리고 업무에 대해 정확한 정보를 수집할 것. 둘째 이를 바탕으로 본인이 생각하고 있는 스포츠 산업과 마케터의 모습과 수집된 정보를 통해 알게 된 현실의 괴리감이 어느 정도 인지 파악하는 것이다. 정확히 그 괴리감이라는 것은 실제로 내가 스포츠 마케터가 되고 나서 느낄 고충과 고민에 관한 것들이다. 안타깝게도 실제로 구단이든 브랜드든 막연한 장밋빛 미래만 생각하고 들어왔다가 녹록지 않은 현실에 두 손들고 나가는 후배들이 부지기수였다. 일분일초가 소중하고 아까운 후배들이 이런 불필요한 시행착오를 반복해서 겪지 않았으면 좋겠다.

　나는 오랫동안 꿈꾸었던 프로구단에 응시해 어렵게 최종면접을 볼 수 있었다. 마지막 관문만 넘으면 꿈에 그리던 프로구단 프런트가 될 수 있다는 생각에 치열하게 준비했다. 지금도 생생하게 기억이 난다. 회의실에 들어갔더니 세 명의 면접관이 앉아 있었다. 자기소개하고 본격적인 면접이 시작되었는데, 사장님으로 보이는 분은 면접이 거의 끝나가고 있는데도 별다른 질문을 하지 않으셨다. 계속 나의 이력서만 뚫어져 보고 있으시길래 불안한 마음이 엄습했다. 그러다 정말 마지막에 사장님이 나에게 질문 아닌 질문 하나를 던졌다.

　　(사장님) "답변 잘 들었어요. 근데 스포츠 마케팅 하지 마세요."
　　(나) "네? 제가 잘 이해를 못 했습니다. 실례가 안 된다면 조금만 더 설명해주실 수 있을까요?"
　　(사장님) "좋은 회사에서 안정적인 일을 하고 계신 거 같

은데, 계속 그 일 하는 게 좋을 것 같네요. 미래를 위해서 드리는 말씀이에요."

(나) "아닙니다. 저는 반드시 스포츠 마케터를….(후략)"

사장님의 질문은 그 면접장에서 처음으로 나를 당황하게 했다. 그 질문에 내가 어떻게 대답했는지 기억이 나지 않을 정도로 매우 당황했던 것만 기억이 날 뿐이다. 당시에 나는 면접에서 분명 떨어졌다고 생각했다. 나의 취업 태도나 대답이 마음에 들지 않았기 때문에 사장님이 그런 말을 했다고 생각했다. 면접을 마치고 나와서 최종 합격 통보를 받기까지 힘든 시간을 보냈다. 결과적으로 나는 면접에 성공해서 프로구단의 프런트가 되었지만, 그때 사장님이 나에게 던진 그 말 한마디는 내가 스포츠 마케터로 일하는 동안 마음속의 주춧돌처럼 무겁게 자리 잡고 있었다. 스포츠 현장을 뛰어다니면서 부딪히고 수없이 아파하고 나서야 사장님이 나에게 어떤 말씀을 하고 싶었는지 그 뜻을 어렴풋하게 알 수 있었다. 어설프게 하고 싶은 마음만 가지고 이 산업에 들어오면 후회할 테니, 혹시라도 그런 마음이라면 시작도 하지 말라는 뜻이었을 것이다. 15년 차 스포츠 마케터가 되어 뒤를 돌아보니 사장님의 말씀이 정확하게 맞았다는 생각이 들었다. 나는 버티고 버텨서 스포츠 산업에서 살아남았지만, 반대로 이 산업에 어렵게 들어와서 금방 실망하고 떠나버린 동료 선후배가 너무 많았다. 아이러니하게도 재밌지만 재미없는 일을 하는 사람이 바로 스포츠 마케터다.

코로나가 세상을 뒤집어 엎어버린 2021년, 나는 꽤 괜찮았던 스포츠 마케터 커리어를 스스로 정리했다. 15년의 스포츠 마케터 커리어로 인생 1막을 정리하고 스포츠와 전혀 상관없는 새로운 일에 도전해보고 싶었다. 요즘은 새로운 도전을 재미있게 이어가고 있다. 오랜만에 전혀 다른 산업에서 해보지 않은 일을 하니 마치 신입이라도 된 것 같은 신선한 기분이다. 비록 스포츠 현장을 떠나기는 했지만 많은 사람으로부터 이런저런 요청과 문의는 계속 받고 있다. 선수계약과 관련해서 조언을 구하는 선배가 있기도 하고, 스포츠 이벤트를 위해 기획안을 들고 찾아오는 후배도 있다. 그리고 나와 일면식은 없지만, 용기를 내서 메일을 보내는 사람들도 종종 있는데, 이들은 스포츠 마케터라는 꿈을 가지고 있는 학생들이 대부분이다. 예전부터 심심찮게 메일로 나에게 취업과 관련된 조언을 구하는 학생들이 있었다. 대전에 사는 중학생의 아버님이 직접 문의하신 적도 있고, 나를 직접 만나 질문에 대한 답을 듣고자 안동에서 첫차를 타고 올라온 학생도 있었다. 그들과 마주할 때마다 늘 감사하고 미안한 마음이 동시에 든다.

이 책이 아마도 그 친구들의 열정과 절박함에 대한 나의 작은 대답이 될 수 있지 않을까 싶다. 나는 스포츠 산업에서 스포츠 마케터로서 다양한 분야에서 경력을 쌓은 사람 중의 하나다. 프로구단과 스포츠 브랜드에서 스포츠 마케팅 경험을 쌓고 IT 회사의 스포츠 마케팅을 거쳐 스포츠 관련 창업까지 경험했다. 누구보다 한쪽에 편향되지 않고, 객관적으로 각 위치에서 스포츠 마케터로 느꼈던 희로애락을 전달할 수 있다고 생각한다. 그래서 지금까지 누구도 해주지 않았던 스포츠 마케터가 되었을 때 마주해야 하는 불편하고 어려운 상황들에 대해서 이야기 하려고 한다. 나의 이야기가 정답이 될 수는 없겠지만 이 산업에 관심 있는 누군가가 미래를 설계하는 데 있어서 시작점이 되었으면 좋겠다.

이 책은 지극히 개인적인 이야기지만, 반대로 스포츠 마케터라면 반드시 맞닥뜨리는 가장 일반적인 이야기이기도 하다. 오늘도 밤낮으로 멋진 스포츠 마케터의 모습만 꿈꾸며, 그게 오로지 전부라고 믿고 열심히 달리고 있을 누군가에게 이 책이 작게나마 딴지를 걸 수 있었으면 좋겠다. 내가 지난 15년 동안 걸어온 그 길을 걸어갈 후배들을 응원한다.

후반전 | 브랜드 이야기

야구가 만들어 준 꿈

제1화
MBC 청룡과 LG 트윈스

　스포츠 마케팅과 관련된 강의를 나가면 학생들이 가끔 내가 어떻게 스포츠 마케터가 되었는지 물을 때가 있는데, 그럴 때마다 내가 항상 먼저 꺼내는 이야기가 "MBC 청룡과 LG 트윈스"다. 나도 언제부터 스포츠 마케터가 되겠다는 꿈을 가졌는지 정확하게 기억나지 않지만, 확실한 건 나는 어린 시절에도 야구를 굉장히 좋아했다는 것이다. 특히, 열렬하게 LG 트윈스의 전신인 MBC 청룡을 응원했는데 그 시작은 가족력(?) 때문이었다.

　나와 동생은 사정상 방학 때면 외가댁이 있는 전라도 광주에 2달 정도 내려가 있었다. 여름방학 겨울방학을 합치면 일 년의 1/3이나 되는 시간을 그 당시 시골이라 부르던 광주에서 보냈다. 그 시절 그곳에서 내가 하는 일이라고는 특별할 것이 없었고, 여느 아이들처럼 동네에서 뛰어노는 게 전부였다. 운명적인 그날은 정말 할 일이 없었다. 동네에서 딱지치기나 구슬치기를 하던 친구들도 보이지 않았고, 인근 오락실에 가도 특별히 하고 싶은 것이 없었다. 어떻게든 놀아보려던 의지를 접고 일찌감치 집으로 터덜터덜 돌아왔다. 집에서 할 일 없이 누워 있는데, 이모부가 퇴근하고 오시면서 야구 티켓 몇 장을 무심하게 테이블 위에 툭 하고 올려놓으셨다. 이모부는 광주 MBC에서 근무하고 계셨는데, 아마도 회사에서 임직원들에게 티켓을 나눠 준 모양이었다. 당시에 나는 야구에 전혀 관심이 없었지만, 주말임에도 딱히 할 일이 없었기 때문에 사촌 형 누나와 티켓을 가지고 다음 날 야구장에 방문했다. 그것이 내 인생의 첫 스포츠 직관이었다. 그 시절 광주는 해태 타이거즈의 도시였고, 해태 타이거즈는 천하무적이었다. 선동열, 이종범 등 우리가 전설로 알고 있는 그런 선수들이 현역 선수로 있으면서 김응룡 감독과 함께 해태의 왕조를 굳건하게 만든 시기기도 했다. 상대방을 압도하는 칙칙하면서도 강렬한 붉은색 유니폼을 입은 사람들이 무등 경기장 앞에 장사진을 이루고 있었다. 무더운 여름 찌는 듯한 더위에 아스팔트는 아지랑이로 휩싸이고 시끄러운 소리까지 더해져 마치 도떼기시장 같지만, 다양한 사람들이 어우러져 한마음으로 승리를 염원하던 그 경기장 앞의 모습이 지금도 눈에 선하고 생생하다.

사실, 경기가 어떻게 되었는지 어떤 선수가 내가 응원하던 선수였는지 그런 것들은 하나도 기억이 나지 않는다. 다만 그 야구장의 분위기가 꽤 생경했지만, 확실히 나는 그곳이 마음에 들었다. 형용할 수 없는 경기장 밖의 소란함과 경기장에서의 긴장감은 나의 심장을 두드렸다. 그렇게 시끄러운 와중에도 나의 심장 소리는 그 어떤 소리보다 크게 울렸다. 그렇게 나는 가족 중에 MBC에 일하고 있는 어른 한 분이 계신다는 이유로 야구와 MBC 청룡을 접하게 되었고, 자연스럽게 MBC 청룡은 나의 팀이 되었다.

90년에 LG 트윈스로 팀명이 바뀌고 나서도 나의 이런 로열티는 전혀 변하지 않았다. 오히려, 그 몰입은 더 강해져서 중·고등학교 때는 야간 자율학습을 땡땡이치고 같은 반 LG 트윈스 팬 친구들을 이끌고 잠실경기장을 들락날락했다. 뭐 하나에 꽂히면 그것만 하는 스타일이어서 반 아이들을 선동(?)해서 함께 야구장으로 일탈을 감행했다. 선생님에게 매번 혼났지만 그럼에도 야구장은 그런 혹독함을 견디게 하고도 남을 가치가 있는 곳이었다. 그 당시만 하더라도 지금처럼 인터넷예매가 없던 시기였고 현장 예매가 전부였기 때문에 무조건 빨리 가서 줄 서서 티켓을 구매해야 했다. 간혹 빅매치의 티켓은 매진되기가 일쑤여서 허탕을 치는 경우도 종종 있었지만, 그래도 나는 그 야구장의 분위기가 좋아 티켓을 예매하지 못하더라도 마냥 행복했다. 비록 경기를 직접 못 보지만 나는 야구장 밖에서 응원과 함성 그리고 탄식 소리를 들으며 마음으로나마 경기를 관람했다. 경기가 끝나면 항상 선수들이 나오는 길목에 서서 선수들 얼굴 한 번 보고 사인받고 싶어서 계속 기다리던 모습이 생각이 난다. 나의 유년 시절과 청소년 시절을 다시 돌이켜봐도 MBC 청룡과 LG 트윈스 없이는 그 당시 나의 일부를 설명할 길이 없는 것은 분명한 것 같다. 그때부터 나와 스포츠의 애증의 인연이 시작되었다고 말할 수 있다.

제2화
2002년 한국시리즈

2002년을 생각할 때 대한민국 국민이라면 누구나 제일 먼저 떠올리는 것이 열에 아홉은 아마도 〈2002 한·일 월드컵〉일 것이다. 하지만 나에게 2002년은 프로야구 한국시리즈로 기억되는 한해였다. 2002년 월드컵이 열릴 당시에 나는 군대에 있었고, 대한민국의 예선전 경기가 있을 즈음에 악명 높은 해병대 유격 훈련을 받는 중이었다. 이 정도 불운이라면 그냥 하늘이 월드컵을 못 보게 매우 적극적으로 방해하는 수준이라고 해도 과언이 아닐 텐데, 불행히도 이것이 불운의 전부가 아니었다. 사실, 전 국민의 관심이 대한민국에서 처음 열리는 월드컵에 집중되어 있던 터라, 비록 산속에서 유격 훈련 중이었지만 최소한 대한민국의 경기만큼은 보여줄 거라는 일말의 기대를 하고 있었다. 아니나 다를까 유격 훈련을 마치고 부대에 복귀했더니, 한국의 예선 첫 경기를 보여준다고 내무실로 모두 모이라는 방송이 나왔고, 그렇게 설레는 마음으로 모두 첫 경기가 시작되기를 기다리며 내무실 바닥에 옹기종기 모여앉아 있었다. 그런데 경기가 막 시작되려던 찰나 갑자기 모여 있던 내무실에 중대장님이 화가 난 얼굴로 들어와 소리를 지르며 모두의 눈길이 고정되어 있던 내무실 앞 TV를 발로 차서 부숴버렸다.

"상·병장, 이 개새끼들! 니들이 그렇게 대단해! 다 옥상으로 올라와!"

전혀 예상치 못한 상황에 당황했고, 그 상황을 미처 파악하기도 전에 중대장님은 중대의 모든 상·병장들을 옥상으로 집합시켰다. 알고 보니 유격 훈련 중에 일·이병들 간에 구타사고가 발생해서 그 관리와 책임을 다하지 못한 상·병장들을 불러놓고 얼차려를 준 것이다. 당연히 한국의 첫 경기를 못 봤음은 물론이고, 그 이후로도 분위기가 너무 싸해서 월드컵 경기를 코로 봤는지 눈으로 봤는지 잘 기억나지 않는다. 그래서 2002년 월드컵에 대한 기억은 내 머릿속에 별로 남아있지 않다.

월드컵이 꿈처럼 지나가고 대신 그해 가을 나에게는 2002 한국시리즈가 찾아왔다. 모처럼 LG 트윈스는 투혼을 발휘해서 한국시리즈에 진출했다. 상대는 삼성 라이온즈였다. 당시 삼성의

전력이 워낙 막강하긴 했지만, LG 트윈스의 신바람 저력이 무겁게 올라오고 있었기 때문에 충분히 상대해볼 만한 상황이었다. 엎치락뒤치락하면서 3승 2패로 삼성이 앞선 상황에서 6차전에 들어갔고, 9:6으로 LG 트윈스가 앞서고 있던 9회 말 1아웃 주자 1, 2루 상황에서 LG 트윈스의 수호신 야생마 이상훈 선수가 등판했다. 사실, 이상훈 선수가 머리를 휘날리며 마운드로 힘차게 올라오는 모습을 보면서 이제 경기는 무조건 7차전으로 갈 거로 생각했다. 상대 타자가 국민타자인 이승엽 선수였지만, 그 전까지 부진한 상황이었기 때문에 당연히 이상훈 선수가 틀어막을 수 있다고 생각했다. 하지만 끝날 때까지 끝난 게 아니라 했던가. 이상훈 선수를 상대로 이승엽 선수가 오랜 침묵을 깨고 크게 돌린 방망이에 공은 굉장한 포물선을 그리며 펜스를 넘어갔다. 그렇게 이승엽 선수는 동점 3점 홈런을 때리면서 경기를 9:9 동점을 만들었다. 야구에서 흐름이라는 무서운 게 그다음 타석에 올라온 마해영 선수가 강판당한 이상훈 선수를 대신해 올라온 최원호 선수의 공을 그대로 담장 밖으로 넘기면서 그해 한국 시리즈는 그렇게 끝이 나버렸다.

　정확하게 그 상황을 기억하고 있는데, 나는 갑자기 끝나버린 가을 잔치에 굉장히 분노하고 허탈해했다. 군대에서 평온한 주말 낮에 내무실을 청소하면서 맘 편히 경기를 보고 있었는데, 한

순간에 시리즈가 끝나버리면서 분노한 나로 인해서 내무실의 평온함은 팽팽한 긴장감으로 바뀌었다. 그 당시 나는 고참 축에 속했기 때문에 후임들이 야구 마니아인 나의 눈치를 보던 상황이 지금도 또렷이 기억난다. 너무 억울했다. 이길 수 있던 경기를 놓쳐버린 그 상황이 아쉬웠다. 그때 나는 다짐했다. LG 트윈스에 내가 들어가서 팀을 바꿔야겠다고. 지금 생각해보면 얼마나 우습고 어처구니없는 생각인가 싶지만, 그 당시에 느꼈던 나의 애증이 반대로 내가 LG 트윈스에 입사하겠다는 꿈을 가지게 했다. 그 꿈이 수년 뒤에 진짜 실현될 줄은 나도 몰랐다. 그래서 2002년이 나의 스포츠 마케터로서의 경력에서 어쩌면 가장 중요한 순간이었을지도 모른다. 그 경기가 없었다면 나는 그런 꿈을 가지지 않았을 테고, 나라는 스포츠 마케터도 없었을 테니 말이다.

제3화
사내티켓과 잠실직관

　대학을 졸업하고 취업 준비할 때 LG 트윈스에 들어갈 방법을 안 찾아본 것은 아니다. 하지만 정확하게 들어갈 길이 없었다. 당시만 하더라도 프로구단의 모든 자리에는 내정자가 있다느니, 낙하산이 아니고선 힘들거나 LG그룹 내부에서만 채용한다느니 하는 그런 이야기들이 기정사실이었다. 가진 거라곤 패기와 얄팍한 스펙 몇 줄인 나 같은 일개 대학생이 신입사원으로 구단 프런트가 되는 것은 거의 불가능했다. 모든 취업사이트를 뒤져봐도 LG 프런트 채용공고는 물론이고 종목을 망라해서 관련된 포지션은 보이지를 않았다. 마냥 기다리고 있을 상황은 아니다 보니 일단 취업을 하기로 마음먹었다. 재미있는 건 당시 반평생(?)을 LG 트윈스를 쫓아다니다 보니, 나도 모르게 LG라는 그룹에 대한 로열티가 생겨서 전자제품은 물론이고 모든 생필품도 LG 것만 썼다. 자연스럽게 나는 당장 LG 트윈스는 아니더라도 당연히 LG 그룹으로 취업하기를 희망했다. 그렇게 취업전선에 본격적으로 뛰어든 나는 당시 LG 그룹에서 분사한 그룹의 계열사 HR 팀에 입사할 수 있었다.

취업했지만 나의 LG 트윈스 사랑은 식을 줄 몰랐다. 이런 나의 열정을 더 부채질한 것은 회사에서 복지 차원에서 지원되는 LG 트윈스 경기 티켓이었다. 당시만 하더라도 LG 트윈스의 홈경기 티켓은 각 그룹계열사에 할당하는 방법으로 판매가 되고 있었다. 당연히 범LG였던 우리 회사 총무팀도 홈경기 티켓을 보유하고 있었는데, 프로야구의 인기가 지금 같지 않아서 티켓이 항상 남아도는 경우가 허다했다. 다행히 내가 속한 HR 팀과 총무팀은 경영지원본부에 함께 소속되어 있어서 가깝게 지내고 있던 터라, 나는 어렵지 않게 LG 트윈스 티켓을 얻을 수 있었다. 아마 이때가 내 인생에서 가장 많은 LG 트윈스 경기를 직관한 때가 아닌가 싶다. 당시 회사가 안양에 있던 터라 홈경기가 있는 날이면, 어떻게든 칼퇴근하고 잠실로 야구 경기를 직관하러 다녔다. 또 경기장 가는 날이면 당연히 챙겨야 하는 3종 세트인 유니폼, 글러브, 모자도 항상 가방에 들어있었다. 당시에 날 힘들게 하던 사수가 팀장님도 퇴근 안 하셨는데 맨날 그렇게 어딜 가냐고 심하게 다그칠 정도였는데, 나는 이 핑계 저 핑계 대면서 무조건 잠실로 출근 도장을 찍었다. 힘든 초년병의 사회생활에서 LG 트윈스의 경기관람은 나에게 큰 위로고 힘이 되었다. 그래서 나는 기를 쓰고 퇴근하면 무조건 잠실로 출근 도장을 찍었다.

그때의 나는 요즘 말하는 야구 덕후였을지도 모르겠다. LG 트윈스와 관련된 모든 정보를 다 파악하고 있었는데, 나에게 이런 정보를 수집하는 건 게임에서 아이템을 모으는 것과도 같았다. 남들이 잘 모르는 정보를 습득하거나 알고 있다가 풀어낼 때 찾아오는 희열이 분명 있었다. 감독, 선수, 프런트는 물론이고 치어리더, 응원단장과 하다못해 유명한 골수팬들 신상정보까지 다 알고 있었다. 그것뿐만이 아니라 남들이 잘 모르는 찌라시 정보도 꽤 많이 알고 있다 보니, 인터넷 커뮤니티에서 나름 꽤 유명했다. 많은 팬이 나에게 이것저것 물었다.

(팬) "*A 선수 오늘 왜 결장했는지 아세요?*"

(나) "*어제 연습 끝나고 고깃집에서 밥 먹고 급체했다고 하던데요.*"

(팬) "*B 치어리더 연예인이랑 사귄다던데 누군지 아세요?*"

(나) "*아, 지난주 쇼핑몰에서 C랑 목격됐다던데 아마 그분인 거 같아요.*"

중·고등학교 때 그렇게 공부했으면 아마 수능 만점 받았을지도 모르겠다. 그냥 그런 것들이 너무 즐거웠던 시절이 있었다. 누가 손가락으로 찌르면 족히 3시간은 가볍게 브리핑할 수 있을 정도였으니 더 말해 무엇 하겠는가. 그 당시 나는 분명 LG 트윈스 팬 중에서도 아마 상위 1%에 속하는 부류였다고 자신할 수 있다. 지난 이야기지만 가끔은 그때의 순수했던 스포츠와 야구에 대한 열정을 가졌던 그때의 나로 다시 돌아갈 수 있을까 생각해보곤 하는데, 내 대답은 항상 아니다. 누가 시키지 않아도 즐거워서 스포츠를 찾아보고 같이 웃고 울던 그때의 내 모습은 스포츠를 업으로 삼으면서 더는 찾을 수가 없게 되었다. 혹시 스포츠를 더는 업으로 삼지 않으면 그때의 나를 찾을 수 있을까라는 생각도 가끔 해보게 된다. 순수하게 야구와 스포츠를 즐기던 그 시절이 가끔은 그립다.

제4화
관심이 만든 기회

HR 업무는 내 적성에 잘 맞는 편이었다. 사람 만나는 것을 좋아했던 나에게 HR팀은 어쩌면 최적화된 업무와 팀이었을지도 모른다. 회사에서 많은 사람을 만나면서 나는 그들 중 혹시 LG 트윈스 팬이 있는지 살폈다. 동료 중에 그런 팬을 발견이라도 하는 날이면 어찌나 반가웠는지 모른다. 그렇게 가까워진 동료들과도 사내 티켓을 지원받아 공짜로 LG 트윈스 홈경기 직관 기회를 꾸준히 만들었다. 그리고 나는 당시 '쌍마'라고 불리는 LG 트윈스의 팬 커뮤니티에서도 왕성히 활동했다. LG 트윈스 홈페이지에 자주 들락날락 하다 보니, 자연스럽게 구단 홈페이지에 링크된 지수사 홈페이지나 스폰서 홈페이지도 타고 넘어갈 때가 많았다. 어느 날 우연히 클릭해서 타고 들어간 곳이 LG그룹 전체의 오픈된 채용 포지션을 모아놓은 사이트였다. 이거다 싶었다. 혹시라도 언젠가 한 번은 LG 트윈스에서 채용하지는 않겠냐는 막연한 희망이 그날 이후로 생겼다. 그래서 그날 이후로 거의 매일 아침 출근하면 사이트에 접속해 LG 스포츠(야구단과 농구단을 운영하는 계열사)의 채용공고가 올라왔는지 검색하면서 일과를 시작했다.

얼마나 시간이 흘렀을까. 그토록 바라던 LG 스포츠의 채용공고가 어느 날 홈페이지 상단에 떡하니 올라와 있는 게 아니겠는가. 망설일 필요도 없이 일사천리로 지원서를 제출했고 오래되지 않아, 구단 담당자로부터 서류전형에 합격했고 면접 준비를 하라고 회신이 왔다. 메일 수신자가 나를 포함해서 7명이었다. 7:1 정도는 정말 아무것도 아니라고 생각했고, 나보다 LG 트윈스를 잘 알고 사랑하는 사람은 없다고 생각했기 때문에 당연히 내가 그 포지션에 붙을 거라는 나름대로 근거 있는 자신감이 있었다. 이 기회를 어떻게든 꼭 잡고 싶었다. 그래서 그 자신감과는 별개로 LG 트윈스 프런트로 재직 중인 사람들의 정보를 닥치는 대로 모으기 시작했다. 인터뷰 기사, 취업커뮤니티의 과거 면접 후기, 건너서 아는 사람들을 통한 대략적인 분위기 파악 등 많은 정보를 정리할 수 있었다. 특히 면접관으로 들어올 수 있는 분들에 대한 정보를 집중적으로 수집했는데, 면접관은 정확하게 내가 예상했던 분들이 들어오셨고 나는 준비했던 대로 예상보다 쉽게 면접을 볼 수 있었다. 그때 당시 받았던 서류합격 메일과

최종합격 메일을 지금도 가지고 있는데, 메일을 정리하면서도 그 메일을 차마 지울 수 없었던 건 아마도 나의 스포츠 마케터로서의 첫걸음이자 역사이기 때문이 아니었을까.

아무튼, 최종 합격발표가 나고 재직 중이던 회사에 이직하겠다는 뜻을 전하고 보고라인을 따라 설득을 시작했다. 당시 업무에 불만족하거나 사람들과 트러블이 있던 것이 아니었기에 나도 개인적으로 아쉽긴 했지만, 정말 오랫동안 꿈꿨던 일이 현실이 되었기에 아쉬운 마음을 뒤로하고 앞으로 나아가기로 했다. 파트장님과 팀장님 그리고 담당 상무님까지 잘 키워놨더니 어디로 도망가냐면서 다시 생각해보라고 여러 차례 만류했다. 근데 뭐 그때는 콩깍지가 씌어서 누군가의 말이 들렸겠는가. 내가 이직한다는 이야기가 순식간에 동기들 사이에 퍼졌다. 스무 명 남짓의 동기 중에 처음으로 이직하게 되면서 한창 사회생활의 쓴맛으로 힘들어하던 동기들은 나를 엄청나게 부러워했다.

(동기들) "야, 진짜야? 그만두는 거야? 대박이다, 너!"
(나) "알잖아, 내가 LG 야구단 엄청 가고 싶어 하던 거. 우연히 기회가 왔어."
(동기들) "그럼 이제 선수들 사인은 너한테 부탁하면 되는 거냐? 부럽다 진짜."

(나) *"내가 스타트 끊을 테니까, 좋은 기회가 오면 너희들도 꼭 도전해봐!"*

　그때 내가 선배들이나 동기들의 걱정이나 만류에 뜻을 접었다면 '나는 지금쯤 무얼 하고 있었을까'라는 상상도 가끔 해본다. 강의를 나가서 수많은 학생을 만나보면 스포츠 마케터가 되겠다는 꿈은 있으나 실천이 미약한 경우가 대다수다. 단순히 정보가 부족하다는 이유로 치부하기에는 그들의 부족한 적극성이 늘 안타깝기 일쑤였다. 정보라는 것은 남들이 모르거나 덜 알고 있는 정보가 가치 있는 것이지, 누구나 아는 정보는 그 가치를 인정받기 쉽지 않다. 포털 사이트에 올라와 있는 뻔한 정보도 물론 중요하지만, 조금만 더 적극적으로 원하는 기업에 본인을 알리고 접근하는 방식은 하지 않을 이유가 없다. 최소한 스포츠 마케터를 꿈꾸는 학생이라면 지금의 내가 가지고 있는 적극성보다 딱 50%만 더 용기를 낸다면 분명 좋은 기회가 찾아오리라 생각한다.

프로구단 이야기

제5화
프런트 생활 시작

2007년 9월 나는 LG 트윈스의 프런트가 되었다. 2002년 LG 트윈스의 한국시리즈를 보며 군대에서 처음 가졌던 꿈이 불과 5년 만에 이루어진 것이다. 운도 좋았고 내 나름의 실력(?)도 좋았다고 생각한다. 홈경기가 끝나면 선수들이 나올 때까지 기다리던 잠실야구장의 정문과 후문으로 언제든지 들락날락할 수 있다는 것 자체가 너무 행복했고, 경기장 밖에서 더는 선수들을 기다리지 않아도 언제든지 쉽게 휴게실이나 연습장에서 그들과 마주할 수 있다는 것은 더더욱 행복했다. 별것 아닐 수도 있는 구단 프런트 ID카드를 목에 걸고 경기장 밖으로 나갈 때마다, 밖에서 기다리던 팬들이 프런트인 나를 한 번씩 눈여겨보는 시선을 즐기는 것도 나의 즐거움 중 하나였다. 물론 그들은 출입구에서 나오는 사람이 혹시 기다리던 선수일까 싶어서 쳐다본다는 걸 알지만 말이다. 불과 며칠 전만 해도 그들과 같은 자리에서 목 빠지게 야구장 안쪽에서 선수가 나오나 안 나오나 기다리던 나였는데 지금은 그들과 다른 위치에 있다는 것이 신기하고 즐거웠다. 그런 재미와 시선을 느끼려고 괜스레 혼자 으쓱해서 틈만 나면 야구장 밖으로 나와서 한 바퀴씩 돌아보던 그때의 나의 모습이 어수룩하고 우습지만 그래도 지금 생각해보면 또 그때만큼 행복했던 시절이 있을까 하는 생각도 든다.

내가 처음 LG 야구단의 프런트로 이직을 하게 되었다고 어머니께 말씀드렸을 때, 어머니는 더 유망하고 안정적인 큰 기업을 왜 그만두려 하냐며 걱정은 하셨지만 만류하지는 않으셨다. 내가 어떤 결정을 하든 간에 어머니는 걱정은 하실지언정 결정을 존중하는 편이셨다. 그런 부분에 있어서 과거에도 지금도 내가 스스로 무언가를 고민하고 결정하는 데 있어서 늘 큰 힘이 되었다. 그나마 LG라는 타이틀이 있었기에 망정이지 그마저도 없었다면 아마 어디 작은 하청업체(?)로 이직하는 줄 아셨을지도 모른다.

(어머니) "남들 다 원하는 직장에 왜 정착하지 못하고 작은 회사로 가려는 거니?"
(나) "좋아하고 즐겁게 할 수 있는 일을 해보고 싶어서 그렇죠. 뭐. 너무 걱정 마세요."

(어머니) "그래, 이미 마음의 결정을 한 것 같으니 잘하면 좋겠네."

  아무튼 그렇게 나는 꿈에 그리던 프런트가 되었다. 당시 내가 채용된 포지션은 홍보팀이었다. 사실 홍보라는 업무가 대외 커뮤니케이션을 담당하고 기자들이나 미디어를 대상으로 폭넓은 네트워크를 형성하는 게 중요하다고 알고 있었기에 재미있을 것 같았고, 잘 할 수 있을 것 같았다. 전 직장에서 사람 만나는 것을 좋아해 HR 팀에서 많은 경험을 했던 것이 분명 도움이 되리라 생각했다. 입사 첫날이 되었다. 바로 홍보팀으로 부서배치가 될 거로 생각했던 나의 예상과 첫날은 좀 거리가 있었다. 나의 예상과는 다르게 경영지원팀 소속으로 일단 발령이 났다. 상황 파악이 잘 안 되어서 조심스럽게 인사를 담당하는 선배에게 물어봤다.

(나) "대리님, 제가 왜 홍보팀이 아니고 경영지원팀으로 발령이 났을까요?"
(대리님) "그게 회사의 조직구성에 변화가 있을 예정이라 신입의 부서배치는 잠시 미뤄졌어. 바로 부서배치 되면 정신없었을 텐데, 오히려 회사 분위기 익히는데 시간을 벌었다고 생각해."

(나) *"아, 그렇군요. 부서배치 되기 전까지 열심히 공부해*
보겠습니다."

  회사에서 계획에 없던 조직구성과 보직변경이 일어날 수 있다
며 일단 나는 경영지원팀에서 구단 분위기도 익히고 공부하는
시간을 좀 가져보라는 조언을 받았다. 그때는 프런트가 된 것만
으로도 충분히 기뻐하고 있었기 때문에 어느 팀에서 일하느냐가
당장 중요한 일은 아니었다. 그래서 경영지원팀 막내 자리에 앉
아서 매일 관련된 홈페이지도 들어가고 기사도 검색하면서 하루
하루 시간을 보냈다. 점차 그런 생활이 지루해지기 시작할 무렵
나에게 주어진 첫 임무는 야구단이 아닌 농구단의 외국인 선수
케어였다. 외국인 선수가 마침 시즌 중에 작은 부상을 당해서 매
일 병원으로 치료와 재활 훈련을 받으러 다녀야 하는데, 농구단
통역은 시즌 중이라 시간을 낼 수가 없으니 서울에 있는 내가 동
행 하면서 지원을 해주라는 것이었다. 마침 무료하던 차였고, 영
어를 잘하진 않았지만 그래도 기본의사소통은 할 수 있으니 즐
겁게 외국인 선수와 거의 매일 붙어 지냈다. 당시 농구단의 외국
인 선수였던 오다티 블랭슨과 가까이 지냈는데, 병원에서 물리
치료 받고 오는 길에 함께 정말 많은 햄버거를 먹었던 기억이 있
다. 그렇게 경영지원팀에서 한두 달 정도 시간을 보냈는데, 어느

날 경영지원팀장님이 면담하자고 따로 부르셨다. 나는 신입직원을 대상으로 하는 일상적인 면담자리라고만 생각하고 들어갔는데, 이런저런 이야기를 묻고 듣다가 전혀 생각지 못한 이야기를 들었다.

(경영지원팀장) "좀 지켜봤는데 일하는 모습이 열정적이고 좋아 보이네요."

(나) "감사합니다. 재미있게 지내고 있습니다. 근데, 저는 언제 발령이 날까요?"

(경영지원팀장) "회사는 직원들이 최상의 성과를 낼 수 있도록 지원해야 한다는 건 알고 있죠?

그래서 회사에서 논의 끝에 야구단 홍보팀이 아니라 농구단 운영팀으로 발령을 내기로 했어요."

(나) "네? 농구단이요? 저는 야구단 홍보팀으로 지원을 해서 입사했는데요?"

(경영지원팀장) "잘 알죠. 그렇지만 홍보팀은 나중에라도 분명 일할 기회가 있을 테니,

일단은 현장에서 경험을 쌓는 것이 오히려 도움이 될 거에요."

나중에 알게 된 이야기지만 외국인 선수를 옆에서 살갑게 지원하던 나의 모습을 옆에서 지켜본 농구단 단장님이 나의 일하는 태도를 마음에 들어 하셨다고 한다. 마침 그 시기에 농구단 과장님 한 분이 일신상의 이유로 퇴사를 하면서 비어있던 자리에 내가 급하게 충원되게 되었다. 어찌 되었건 간에 나는 농구단 프런트가 되었다. 사람 일을 한치 앞도 알 수 없는 건, 그토록 바라던 LG 트윈스의 프런트가 되었는데, 불과 몇 개월 만에 LG 트윈스는 가깝고도 먼 사이가 되어버린 것이다. 나는 그냥 주어진 일을 즐겁게 했을 뿐인데 말이다. 농구단 발령 이후에 한동안 나는 무기력하고 오만가지 생각을 했던 것 같다. 조직에서 보직 발령이라는 것은 어쩌면 감내해야 할 숙명 같은 것임에도 불구하고, 나는 그 당시에 분명 너무 큰 아쉬움과 무기력으로 힘들어했다. 그래도 그 이후에 농구단의 좋은 사람들과 함께 일하면서 자연스럽게 그런 마음들도 하나둘씩 치유되었다.

제6화
출장과 마일리지

농구단 프런트로 발령 난 이후로 헛헛했던 마음을 다잡을 수 있던 소소한 재미 중의 하나가 출장이었다. 농구단은 창원을 연고로 하고 있었기 때문에 수시로 창원을 왔다 갔다 해야 할뿐더러, 당시 나는 운영팀 소속이어서 모든 경기를 선수단과 동행했다. 전주-부산-울산-원주-창원 등 정신없이 출장을 다녔다. 그전 조직인 HR 팀에서 일할 때는 사무실에만 앉아 있었기 때문에 에너지 넘치던 나는 그 에너지를 억지로 누르며 책상 앞에서 많은 서류를 만들고 정리했다. 근데 구단 프런트가 된 이후로 전국 팔도를 하루가 멀다고 돌아다니는 것이 너무나 즐거웠다. 특히, 부산과 창원은 비행기를 주로 이용했는데 여행용 캐리어를 끌고 프런트 ID카드를 목에 걸고 비행기를 탈 때면 정말 내가 뭐라도 된 것 같았다. 지금 생각하면 이불킥 백만 번 하고 싶을 정도로 민망하기 그지없다. 아무튼 그때는 없는 출장도 만들어서 가고 싶을 정도로 적극적으로 출장을 다녔는데, 출장 후 시나브로 쌓이던 항공마일리지는 또 다른 즐거움이었다. 몇 년 뒤에는 연고지인 창원에 KTX 역사가 생기면서 KTX를 주 출장수단으로 사용했지만, 그전까지는 항공을 주로 이용했기 때문에 정말 짧은 시간 안에 국내선 100회, 200회 탑승을 이룰 수 있었다.

이렇게 혼자서 항공이나 KTX를 이용할 때도 있지만, 가끔 경기 일정상 선수들과 함께 비행기 탈 때도 종종 있었는데 그럴 때면 큰 키의 농구선수들(현주엽, 조상현 선수 같은 유명한 선수들 포함)덕분에 공항에서 늘 주목받았다. 역시 프런트 초반이었기 때문에 그런 사람들의 시선을 받는 것이 즐거웠다. 또, 싸이월드에 비행기나 KTX에서 아메리카노와 신문을 읽는 설정 사진도 많이 올렸다. 이런 나의 모습을 보면서 선수 형들은 어이없어했다. 고백하건데, 당시에 나는 분명 관종끼가 있었다.

(선수 형) "너 또 허세 사진 찍냐? 인제 그만 좀 해라."

(나) "형, 이것도 다 한때에요. 이때 아니면 또 언제 해요. 과장 달고 팀장 되고? 지금뿐입니다."

(선수 형) "대단하다 진짜. 맘대로 해. 그나저나 나는 사진에 안 나오게 해줘라."

(나) "아이~형! 같이 한 장 찍어요. 도망가지 말고!"

지금도 첫 출장을 정확히 기억하는데, 울산에서 원정 경기가 있었고 끝나고 창원으로 이동하는 일정이었다. 2박 3일 일정이라 여행용 캐리어에 비교적 가볍게 짐을 챙겨서 첫 출장을 간다고 어머니한테 말하고 나왔다. 그날은 단장님과 동행이었는데, 단장님 일정에 따라 사무실에서 일을 마치고 원정경기 시간에 맞춰서 김포공항에서 울산공항으로 비행기를 타고 이동했다. 울산이라는 도시는 가본 적 없는 생소한 도시였는데, 첫 출장으로 울산이라는 도시에 도착해 비행기에서 처음 내렸을 때 느꼈던 그때의 기분은 지금도 생생하다. 숨이 턱 막힐 듯 무거운 공기와 서울과는 또 다른 느낌의 번잡함 그리고 사람들의 표정까지 10년이 더 지난 지금도 어제처럼 생생하다. 울산에서 경기를 마치고 창원으로 이동하는 수단은 당시 구단에서 운영하고 있던 밴 차량이었다. 지금은 그렇지 않지만, 당시에는 프런트의 이동 동선이 길고 복잡하다 보니 애매한 교통편과 체력안배를 위해 자체 기사를 둔 밴 차량을 운영했는데, 항공이나 KTX를 타지 않는 도시 간의 이동 시에 주로 이용했다. 창원으로 이동해서 처음 접한 도시의 모습은 서울보다 더 화려하고, 세련되었다는 느낌을 받았다. 번화가에서 단장님과 함께 순댓국을 저녁으로 먹었다. 그런 소소한 것들까지 나의 첫 출장의 일부이기에 기억이 난다. LG 스포츠단의 프런트였지만 정작 원하던 LG 트윈스의 프런트가 되지 못했던 나의 헛헛한 마음은 그런 출장들과 소소한 마일리지 적립이라는 재미로 한껏 누그러졌다.

제7화
경조사와 사람들

프런트 생활이 익숙해져 갈 무렵부터 나에게 다가온 가장 큰 고민거리 중 하나가 바로 경조사와 관련된 것이었다. 시즌 중에 잦은 출장으로 일 년의 삼 분의 일 정도가 출장이다 보니, 아무래도 지인들의 경조사에 참석하는 게 거의 불가능했다. 특히 당시 내 나이가 서른 무렵이었기 때문에 선·후배들의 결혼식이 많았다. 대부분의 결혼식이 주말에 열리는데, 내가 담당하는 프로농구 경기 역시 주말에 열리는 경우가 많았기 때문에 지인들의 경조사에 참석하는 것이 너무 어려웠다. 사람들을 만나고 그들과 도란도란 소소한 근황을 나누는 것이 나에게는 큰 미션이자 즐거움이었기에 그들의 경조사에 함께하지 못한다는 사실은 개인적으로 견디기 힘들 정도의 큰 스트레스였다.

결혼식 같은 좋은 일이야 안가도 축하해줄 사람들이 많다 쳐도, 특히 부고 소식을 듣고도 가지 못할 때마다 정작 그들은 그렇게 생각하지 않았을지도 모르지만, 나는 친한 친구와 선·후배들에게 죄인이 된 것 같아서 스스로 많이 위축되곤 했다. 경조사에 참석하지 못하면 사전에 양해를 구하긴 했지만, 그 뒤로 선뜻 먼저 연락하는 건 미안함이라는 마음의 짐으로 인해서 나에겐 또 다른 어려움 중 하나였다.

> *(친구) "야, 나 결혼한다. 너 한창 시즌이니깐 무리하지 말고 경기 없는 날 편하게 보자."*
> *(나) "미안하다. 그래도 내가 직접 얼굴 보고 축하해줘야 하는데, 다음에 꼭 자리 만들게."*
> *(친구) "괜찮아, 다음에 니가 맛있는 거 제대로 사면 용서해줄게. 하하."*
> *(나) "알았어, 진짜 맛있는 거 사줄게. 먹고 싶은 거 다 적어놔. 진짜 결혼 축하한다."*

한 번은 내가 이런 고충을 선배에게 진지하게 털어놨더니, 그 선배는 본인은 아이들이 태어날 때 옆에 있어 본 적이 한 번도 없다고 농담조로 이야기하며 생각보다 괜찮다고 했다. 하지만 그 이면에서 묻어나는 진한 아쉬움은 마치 프런트의 숙명적으로 인정하고 받아들여야 하는 운명 같아 보였다. 솔직히 나는 그걸 이해할 수도 없었고 너무 싫었다. 하지만 싫다고 딱히 해결할 방법이 있는 것도 아니었다. 홈경기를 한 번 운영하려면 소수정예로 구성된 프런트조직에서 누구 하나 자리를 비울 수 없는 것이 현실이다. 서로 백업할 수 있는 조직과 시스템이 구성되어있지 않다는 건 프런트로 생활하면서 끊임없이 제기했던 문제 중 하나다. 프로 경기 한 번을 준비하려면 마케팅팀(나는 농구단 운영팀으로 발령 받은 뒤, 나중에는 마케팅팀으로 보직변경 되었다)에서 챙겨야 하는 것들이 너무 많다. 티켓, 의전, 스폰서, 광고, 시스템, 이벤트 등 여러가지 업무를 포함하면 족히 수십 가지는 될 듯싶다. 그런 홈경기 준비를 보통 2~3명의 담당자가 하므로 정신도 없을뿐더러 다른 누군가의 업무를 제대로 된 인수인계 없이 백업하는 것은 결코 쉬운 일이 아니었다. 그것 중에 만약 하나라도 준비가 부족하거나 점검이 제대로 이루어지지 않을 경우, 방송사와 문제가 생기고, 팬들과 문제가 생기고, 구단 안에서도 문제가 생기게 된다.

프로구단의 프런트(특히, 지방을 연고로 하고 있으면 더욱더)는 시즌 중에 남들과 같은 패턴으로 살 수 없다는 걸 분명히 인식하고 있어야 한다. 지금이야 취업을 준비하는 누군가에게 이런 것들은 아무것도 아닌 것처럼 보일 수 있으나, 실제로 같은 상황이 반복되면 내 인간관계가 자연스럽게 정리가 되는 느낌이

든다. 아니 실제로 그렇다. 후배 중에 지방을 연고지로 하는 프로구단에 어렵게 취업했지만 결국 수도권 구단으로 이직을 선택하거나 그마저도 안 되면 스포츠 마케터를 포기하는 경우도 심심치 않게 봐왔다. 그래서 나는 이런 인간관계의 부족한 부분들을 비시즌에 많이 메꾸려고 노력했다. 계속 참가하지 못했던 모임들을 자발적으로 만들어 사람들을 불러 모으고, 오가며 근처에 있는 사람들을 기억하고 있다가 자투리 시간에 따로 만나 커피를 엄청 많이 마셨다. 여담이지만, 비시즌에 마신 커피의 양이 정말 어마어마했다. 아무튼 그나마 그런 노력이 있어서 나의 사람들과 관계가 유지되고 있지, 그런 것들이 없었다면 이미 많은 사람이 내 곁을 떠났을지도 모른다. 일반 직장인들과는 전혀 다른 프런트의 생활방식을 당장 100% 바꿀 수는 없지만, 그것으로부터 겪는 스트레스는 결국 나의 꾸준한 노력밖에 없다.

제8화
다른 모습의 선수들

프로구단에서 근무하는 즐거움 중의 하나는 내가 동경하고 아끼고 사랑하는 선수들을 바로 옆에서 볼 수 있는 것이다. 회사 내부에서 야구선수와 농구선수와 함께 지내다 보니 하루에도 몇 번씩 선수들과 마주치거나 이야기할 때가 있는데, 그런 나의 모습이 너무 신기해서 한때는 여전히 팬인 것처럼 선수들과 사진도 많이 찍었던 것 같다. 근데 그런 선수들을 가까이에서 자주 접하다 보니 슬슬 익숙해지기 시작하고, 또 이야기도 나누고 밥도 같이 먹다 보니 그동안 내가 잘 몰랐던 선수들의 진짜 모습을 보게 될 때가 있었다. 잘 치우지 않는 지저분한 선수, 술·담배를 달고 살던 선수, 허세에 찌든 선수 등 부정적인 이미지가 새로 생기기도 하고, 반대로 긍정적인 이미지가 생기는 선수도 있다. 책을 많이 읽는 선수, 알뜰하게 저축하고 재테크하는 선수, 인간 적으로 따뜻한 선수 등. 아무튼 이렇게 불필요한 정보들이 머릿속에 입력되면서 사실 기존의 선수의 캐릭터가 바뀌는 경우가 80% 이상이었다. 프런트가 되고 오래되지 않아 내가 미디어를 통해서 접했던 선수의 이미지는 상당 부분 가공된 것이라는 것을 알았다.

가공된 이미지로만 선수를 접하던 내게 날것 그대로인 선수들의 말투와 행동들은 완벽하게 인지 부조화가 일어나게 했다. 물론 그 선수들이 잘못했다는 것이 아니라 내가 너무도 순진하게 나만의 환상 속에서만 선수들을 생각했던 게 아닌가 하는 생각이 들어서 찐하게 현타가 오는 순간들이 있었다. 휴게실에서 담배 피우면서 오가는 격 없는(?) 대화 들은 나에게 불편한 마음을 가지게 했고, 경기나 연습 중 화장실에서 숨어 담배 피우는 선수들의 모습에서 실망하기도 했다. 전날 먹은 술이 덜 깬 아이들이 많은 가족 단위의 팬 미팅 자리에서 실수하는 경우도 봤다. 프로의식이 부족해 보이는 선수들의 진짜 모습을 볼 때마다 많이 안타까웠다. 자신을 통제하고 자제해야 하는 프로선수들이지만 그런 마인드가 부족했던 선수들이 꽤 있었다.

한 번은 시즌 전체에서 매우 중요한 경기를 앞둔 전날 저녁이었다. 나는 선수들이 묵고 있던 호텔에 수시로 오가면서 선수들과 이야기도 하고 애로사항도 듣곤 했는데, 경기에서 중요한 포지션을 담당하고 있던 특정 선수가 연락이 닿지 않아서 숙소로 찾아갔다. 숙소에서 기다리면서 여러 차례 전화를 했음에도 전화는 연결되지 않고 한참이 지나서야 문자로 급한 일이 있어서 잠시 나왔다는 답장만 나에게 보내왔다. 선수단의 규정 위반은 물론이고, 구단 전체에 피해를 줄 수 있는 심각한 사항이었는데 정확한 상황 판단을 위해서 그 선수의 방에서 선수가 돌아올 때까지 기다렸다. 동틀 무렵 숙소로 돌아온 선수가 나에게 한 대답이 걸작이었다. 여자 친구가 보고 싶어서 잠시 나갔다 왔다는 거다. 정말 어처구니가 없었지만 나는 그 일을 함구하는 조건으로 다시는 같은 일을 하지 않겠다는 선수의 다짐을 받았다.

물론 반대의 경우도 많았다. 의외로 훈련하지 않는 시간에 자기계발을 위해 많은 독서를 하는 선수, 은퇴 후 삶에 대해서 미리부터 준비하고 설계하는 선수 그리고 남몰래 선행을 베푸는 선수들까지 다양한 신수들이 나를 놀라게 했다. 서장훈 선수는 LG 농구단에서 선수 생활 끝 무렵에 1년간 함께 했는데, 내가 알던 선수들과는 많이 다른 모습들을 보여줬던 기억이 있다. 특히, 많은 선수가 보통 연습 이후의 시간에는 PC게임을 하거나 자는 등 휴식을 취하는 게 일반적인데 서장훈 선수는 그 시간에 책을 많이 읽었다. 모르긴 몰라도 선수 생활에 축적한 다독의 습관이 지금 방송 생활을 하는 데 있어서 큰 도움이 되지 않았을까 생각된다. 그만큼 다방면에 해박한 지식을 보유하고 있던 선수였다는 기억을 가지고 있다. 선수로서도 방송인으로서도 성공할 수 있었던 건 분명 이런 보이지 않는 곳에서도 끊임없이 정진하는 자세에 있지 않을까.

나는 지금도 미디어를 통해 다양한 분야의 선수들을 접할 때 절대 그것이 그 선수의 진짜 모습이라고 믿지 않는다. 결국 미디어는 몇 번의 필터를 끼워서 정제된 이미지라는 것을 알기 때문이다. 스포츠 마케터로 선수들과의 네트워킹이나 친분은 물론 매우 중요하다. 그렇게 얻은 정보가 미래에 그 선수의 가치를 재평가하거나 장기적인 관점에서 선수의 미래를 함께 그리는 기준이 되기 때문이다. 그렇지만, 그런 정보의 객관성을 확보하는 것은 무엇보다 중요하다. 그래서 직접 경험하거나 겪은 정보가 아니고서는 선수를 함부로 판단해서는 안 된다. 잘못된 판단이 선수의 올바른 가치를 훼손할 수 있기 때문이다.

제9화
조직문화의 한계

프런트로 일하기 전만 하더라도 분명 나는 스포츠 마케터에 대한 막연한 환상을 가지고 있었다. 매일 아침 사무실에 출근하면 스포츠 경기가 사무실 모니터를 통해서 실시간으로 보이고, 다양한 음악이 흘러나오는 가운데 동료들과 티타임 하면서 전날의 경기 결과나 이슈에 대해서 치열하게 토론하고 이야기 나누는 그런 모습들이 내가 상상했던 것들이었다. 마치 외국영화의 한 장면 같은 모습들을 막연히 꿈꾸고 동경했다. 스포츠답게 조직문화도 빠르고, 다이내믹하며 의사결정 또한 명확한 그런 조직문화. 하지만 그런 것들은 영화나 상상 속에만 있다는 것을 깨닫는 데 오래 걸리지 않았다. 선배와 그런 부분에 관해 이야기를 참 많이 나눴다. 프로스포츠구단이면 그에 맞는 즐겁고 치열하며 재미있는 조직문화가 있어야 하는데, 이곳은 정말 대기업문화 그대로라고.

(나) "프런트면 현장에서 관계자들 만나고 선수들과 이야기 하는 게 중요하지 않아요?"

(선배) "야, 그걸 누가 모르냐? 근데 정해진 절차라는 게 있잖아. 그거는 지켜야지."

(나) "아니, 누가 안 지키겠대요. 그래도 조직상황에 맞게 유연성을 발휘해줘야 일을 하죠."

(선배) "니가 나중에 단장되고, 사장되면 그렇게 해라. 그 거 진짜 쉽지 않다."

사원에서 대리까지 6년 가까이 프로구단에서 일하는 동안 서열화되고 수직적인 조직문화에 숨 막혔던 게 사실이다. 모르긴 몰라도 나의 자유분방한 성격도 한몫하긴 했을 거다. 프런트조직이 그렇다고 모기업이나 계열사처럼 많은 인원이 있는 것도 아닌데 정보의 공유는 보안이라는 이유로 더디기 그지없고, 어느 하나 결정하고 진행하는데 너무 많은 이해관계자의 눈치들을 봐야 하는 게 현실이었다. 나는 그런 조직문화만 개선할 수 있다면, LG 트윈스는 지금까지 우울했던 성적에서 자유로워질 수 있다고 생각했다. 조직문화는 그만큼 중요하다고 믿기 때문이다. 특히, LG 스포츠처럼 대기업을 모기업으로 두고 있는 구단의 경우에는, 보통 구단주라고 불리는 오너의 영향력이 절대적이다. 지금은 4세대 오너가 그룹을 이끌고 있어서 지금의 상황을 정확히 평가할 수는 없지만, 내가 경험한 선대인 3세대 오너처럼 스포츠에 대한 큰 관심은 분명 무관심보다는 훨씬 낫다는 위안을 삼을 수 있는 부분이 있다. 다만, 그로 인해 생겨나는 부담과 눈치 보는 문화가 어쩔 수 없이 동반되기 때문에 이런 부분을 개선하지 않으면 조직문화와 성적이 절대 개선될 수 없다고 생각한다.

어떤 의사결정을 하거나 받는 데 있어서 이런 모습과 상황을 너무나도 많이 봤다. 좋게 말하면 구단주처럼 생각해서 보고해야 하고, 나쁘게 말하면 오너의 의중을 따라잡기 위해서 짜 맞춰 가는 것이었다. 이런 의사결정 방향이나 정책 방향 볼 때면 정말 숨이 막히고 답답하기 짝이 없었다. 이렇게 더디 진행되는 의사결정 때문에 현장에서 빠르게 진행되어야 하는 업무의 템포가 부득이하게 늦어지면, 결국에는 생산성이 굉장히 떨어지기 마련이고, 구성원들의 동기부여 또한 점차 결여될 수밖에 없는 악순환의 구조적인 문제를 발생시키게 된다. 그래서 한 편으로는 답답했지만 또 한 편으로는 그럴 수밖에 없는 조직의 시스템에 대한 문제를 제대로 진단해서 빨리 바꿔야 하지 않을까 싶었다.

다른 스포츠구단도 그러하겠지만 구단의 대표는 보통 모기업의 임원 중의 한 명이 오게 되는 경우가 보통인데, LG 스포츠는 통상 3년 정도의 임기를 암묵적으로 보장받아 온다. 정확한 사유는 모르겠으나 한 간의 설에 의하면, 모기업에서 퇴직을 앞둔 임원 중에서 하나의 보상개념으로 계열사보다 상대적으로 큰 부담이 없는 스포츠구단 대표나 단장으로 보낸다는 이야기가 있었다. 물론, 최근에서 내부에서 승진되는 경우나, 현장의 선수 출신이 그 자리를 대신하는 때도 많은 거로 안다. 아무튼, 그럼에도 그 당시에는 모기업에서 수십 년간 스포츠와는 동떨어진 삶과 커리어를 쌓으신 분들이 오셨다. 통상 3년을 임기로 봤을 때 스포츠와 구단 생태계를 파악하는데 한 시즌 보내고, 2년 차에 시행착오를 겪고, 3년 차에 본격적으로 무얼 해보려면 암묵적으로 보장된 임기가 지나버려 장기적인 계획을 세우는데 분명히 한계가 있어 보였다. 그게 조직문화든 선수단의 전력이든 간에.

이상적인 해결책은 지금보다 장기적인 관점에서 임기를 보장하고 전적으로 구단 대표(또는 단장)에게 책임과 권한을 몰아주는 것이라 생각하는데, 이 방식은 그분들이 철저하게 모기업과의 적당한 거리를 두고 독립경영을 할 수 있어야 한다. 하지만 모기업의 재정지원에서 자유로울 수 없는 구조 속에서 이런 방식이 현실적으로 가능할지는 모르겠다. 또 다른 해결책은 외부에서 스포츠 산업과 조직문화에 대해서 경험하고 노하우를 가지고 있는 전문가를 모셔오는 방법이다. 이 방식은 기본적으로 독립경영을 전제로 외부전문가를 모여오는 경우이기 때문에 단시간에 기존과는 다른 형태의 조직문화를 구축할 수 있다. 하지만 기존의 조직원들을 포용하지 못할 경우 상호 간의 이질감이 생겨서 오히려 조직문화가 산으로 갈 수도 있다는 리스크가 있다. 실제로 복수의 구단이 이런 시도를 했다가 어려움을 겪기도 했다. 아무튼 뭐가 되었든 간에, 분명히 구단 프런트가 프런트답게 즐겁고 빠르게 일할 수 있는 조직문화를 만드는 것은 앞으로 프로구단이 반드시 선결해야 하는 가장 중요한 문제는 분명하다. 프런트가 되면 다들 '제리 맥과이어'처럼 열정과 재미를 가지고 일할 수 있을 것처럼 생각할지도 모르지만, 현실은 조직문화와 구조적인 문제로 인해 쉽지 않다는 것을 분명히 인식했으면 좋겠다. 그것이 앞으로 구단에서 일하기를 희망하는 누군가가 반드시 해결해나가야 하는 미래과제일 것이다.

제10화
팬들과의 관계

프로구단 중 지방을 연고지로 하는 경우에 구단에서 가장 중요하게 생각하고 공을 들이는 것 중의 하나가 팬들과의 소통이다. 연고지마다 사람들이 가지고 있는 독특한 문화와 관습 그리고 행태 등이 있는데, 그것들을 빨리 파악해서 팬서비스로 구체화하고 이를 바탕으로 팬들의 니즈를 충족 시켜 교감하는 것이 매우 중요할 수밖에 없다. 너무 당연한 말이지만 결국엔 팬이 있어야만 구단이 있고 선수가 존재하는 것이기 때문에 이들과의 관계를 절대 소홀히 하면 안 된다. 뒤에 다시 이야기하겠지만 프로구단 마케팅팀의 경우 중요한 KPI(핵심성과지표)중 하나가 팬서비스와 관중동원이다. 그래서 구단의 스포츠 마케터는 팬들이 무얼 원할까? 무얼 싫어할까? 연고지의 이슈는 뭘까를 항상 고민하고 그것들을 타 구단과 차별화된 마케팅프로그램으로 녹여내려고 노력한다.

프로농구단 마케팅 담당자로 두 시즌 정도를 보내니, 자연스럽게 시즌 티켓을 사는(구단에 애정이 많은) 팬들이 눈에 익기 시작했고, 한두 분씩 인사를 나누다 보니 자연스럽게 그분들과 커피도 마시고 때로는 밥도 먹으면서 살아가는 이야기와 구단에 대한 이슈 등 다양한 이야기를 나눌 수 있었다. 실제로 이런 팬들과의 교류가 그들의 문화를 잘 모르고 낯설어하는 나 같은 타지역 사람에게는 그들을 이해할 기회이기도 했다. 귀에 잘 안 들어오던 경상도 사투리도 차츰 익숙해지고, 지역 맛집도 하나씩 경험해 볼 수 있었고, 나가서는 연고지에서 활동하는 큰 동호회와 단체 등의 정보도 팬들을 통해서 알게 되었다. 실제로 그런 모임에서 활동하기도 했다. 팬들로부터 연고지에 대한 많은 정보와 경험을 배울 수 있어서 늘 감사하게 생각했다.

이런 팬들과의 교감이 익숙해지고 편안해져 갈 무렵부터, 가깝게 지내던 팬들의 구단마케팅 활동에 대한 불만이나 지나친 조언이 잦아지기 시작했다. 물론, 이런 불만이나 조언이 무조건 이거 싫다 저거 싫다, 혹은 이거 해라 저거 해라 식은 아니었지만, 점차 잘한 일보다 쌓여있던 불만을 많이 쏟아냈다. 그들이 쏟아내는 순수한 팬심을 넘은 개인적인 바람은 선을 넘을 때가 많아졌고, 나는 이런 언행들이 점차 불편했다. 돌이켜보면, 이런 상황을 만든 데에는 아마도 나에게 어느 정도 그 책임이 있다고 생각된다.

팬들과 적당한 거리를 두면서 정보를 공유하고 의견을 나누어야 했는데 그 경계를 냉정하게 지키지 못한 것이 컸다. 이 일을 계기로 나는 그 뒤로 팬들과는 정확하게 공적인 일로만 이야기를 나누고 그 이상의 관계로 발전해나가는 걸 항상 경계했다.

> *(팬1) "지난번 경기는 감독이 A 선수를 안 넣으니깐 진 거 아니에요. 일부러 그런 거지 뭐."*
> *(나) "코칭스텝도 매일 치열하게 작전을 짜고 연습해요. 작전에 맞게 선수기용 하는 거죠."*
> *(팬2) "나 같은 오래된 팬들은 구단에서 챙겨줘야지. 맨날 홀대하는 거 같아요."*
> *(나) "무슨 말씀이세요. 팬 미팅이나 이벤트에서 우선권도 드리면서 배려하고 있는데요."*

팬들로부터 받는 또 다른 스트레스 중의 하나는 스포츠토토나 사설 토토를 하는 분들의 거친 항의와 욕설이었다. 경기 결과에 따라 배팅 결과가 달라지는 스포츠토토를 하는 분 중에는 경기 결과가 본인의 예측대로 나오지 않으면 경기 중이든 경기가 종료된 이후든 구단으로 전화해서 온갖 육두문자를 섞어가며 화를 내는 분들이 있었다. 감독이 경기 조작하는 거 아니냐부터 선수들이 왜 열심히 안 뛰냐, 이 타이밍에 왜 저 선수를 넣어서 득점을 저조하게 만드냐 등 너무 많은 항의와 불만을 받아야만 했다. 처음에는 이게 무슨 개소린가 싶다가도, 그래도 팬서비스를 하는 구단 최일선 담당자로서 최대한 상냥하고 친절하게 어르고 달래며 그분들의 마음을 진정시키려고 노력했다.

그런데도 그중에 두세 명 정도는 경기가 있는 날이면 거의 하루도 안 빼고 매일 전화해서 컴플레인을 걸고는 했는데, 나중에는 그분들이 전화 오면 옆집 친구 대하듯 대수롭지 않게 이야기를 흘려들을 수 있었다. 그리고 어느 정도 대화가 될 수 있을 정도의 친분(?)이 쌓이고 나서는 그분들이 분을 이기지 못하고 욕설을 하면, 나도 똑같은 자세로 강경하게 대처했다. 내가 그렇게 강경하게 대하면 오히려 그분들이 꼬리를 내리고 온순해졌다. 시간이 흐르면서 나도 모르게 그런 분들과 얼토당토 않는 농담까지 해가며 밀당하는 방법을 터득하게 된 것이다.

(블랙 컨슈머) "야, 김 대리, 지금 저 선수를 왜 집어넣냐고! 감독 이 XXX, 내가 찾아간다고 해!"

(나) "내가 저번에 반말하고, 욕하지 말랬지! 내가 너 먼저 찾아간다 이 XXX야!"

(블랙 컨슈머) "내가 일부러 그런 게 아니잖아. 지금 상황

이 이해가 안 가니깐 그렇지!"

(나) "이 해가 안가면 내년이 안 온대요. 적당히 합시다."

(블랙 컨슈머) "……그게……대체 무슨 소리야. 아이참….
내가 어이가 없네. 허허허;;;"

(나) "그냥 좀 우리 웃으면서 이야기하자는 소리예요. 제
발 좀 그럽시다."

팬은 구단이 존재하는 가장 상위의 가치다. 하지만 이렇게 팬
들과의 관계를 제대로 설정하지 못하거나 밀당하는 방법을 터득
하지 못한다면 구단에서 프런트로 일하는 것이 굉장한 스트레스
가 될 수 있다는 걸 알아야 한다. 구단 프런트는 결국 최일선 서
비스 현장에서 전쟁을 치르는 직업이다. 서비스의 질과 양도 중
요하지만, 그것들을 가지고 팬들과 접점에서 만나는 프런트의
태도와 역량이 매우 중요할 수밖에 없다.

제11화
하루하루 일희일비

LG 스포츠는 야구와 농구 2개 종목의 프로구단을 운영하다 보니, 사실 1년 내내 시즌이나 다름이 없다. 야구가 한창일 때는 농구가 비시즌이고, 농구가 한창일 때는 반대로 야구가 비시즌이다. 하지만 같은 시즌과 비시즌이라 하더라도 미묘하게 분위기가 조금 다르다. 내가 근무할 당시까지만 하더라도 구단주와 그룹의 관심이 농구보다는 상대적으로 야구에 집중되어있어서, 회사의 분위기는 야구단에 달려있다 해도 과언이 아니었다. 이런 이유로 매일 경기가 있는 야구 시즌에는 늘 승패에 따라 그날의 분위기가 극명하게 갈린다. 이기고 있다가 역전패라도 하는 날이면 다음 날 사무실 분위기가 서늘한 것은 물론이고, 사장님과 단장님에게 가야 할 결재서류들도 괜히 한 번 다시 보거나 홀딩되는 경우가 허다하다. 그도 그럴 수밖에 없는 것이 LG 트윈스는 2002년 이후에 진짜 지독하고 우울한 암흑기를 보내고 있었기 때문에 매년 시즌 직전에 진행되는 출정식에서 올해는 좋은 성적을 팬들에게 보답하겠다는 반복되는 슬로건을 내세웠고 안팎에서 성적에 대해서 큰 압박을 받고 있었다. 그래서 농구단 프런트도 LG 트윈스 경기 하이라이트와 결과 정도는 최소한 챙겨보고 다음 날 분위기를 예측하고 출근하는 게 보통이었다.

(과장님) "어제 야구 경기 어떻게 됐냐?"

(나) "두산에 스윕 당했습니다…. 처참하더라고요."

(과장님) "아…. 망했네."

(나) "왜요? 오늘 보고할 거 있으세요? 타이밍 좀 보시는
게 나을 거 같은데요…."

농구단이라고 그 불편한 분위기에서 자유로울 수는 없었다. 야구단에 비해 구단주와 그룹의 관심이 덜했기 때문에 성적에서 상대적으로 조금은 자유로운 편이었지만, 그럼에도 형편없는 경기력으로 경기를 헌납한 날에는 사무실에 직원들이 잘 보이질 않았다. 다들 없던 외근을 가거나 미팅을 하는 등 단장님과 마주치지 않으려고 노력(?)했다. 그만큼 경기 결과에 매우 민감할 수밖에 없는 환경에 놓여있는 것이 프런트라는 직업이다. 경기를 처참하게 내어준 다음 날에 웃으며 사무실에 있으면 분위기 파악하라며 가끔 주의를 받기도 했다. 가끔 야구 중계 중에 지고 있는 팀의 덕아웃을 카메라가 비췄을 때 웃고 있는 선수들 모습이 포착되면 팬들로부터 질타받는 것과 비슷하다고 이해하면 빠를 것이다.

　그래서 경기 결과와 연동되는 구단 분위기를 빠르게 파악하고 대처할 수 있는 최소한의 눈치를 가지고 있어야 했다. 이런 경기 결과에 따른 분위기를 극적으로 느낄 수 있는 대표적인 장소가 구단 식당이다. LG 스포츠 사무실은 잠실야구장 내에 있다. 웬만한 야구팬들이 알고 있는 것처럼, 잠실야구장은 LG 트윈스와 두산 베어스가 함께 쓰고 있는 홈 경기장이기도 하다. 그러다 보니, LG 트윈스처럼 두산 베어스의 사무실 역시 잠실야구장 내에 함께 위치하고 있다. 야구장 중앙 문을 들어가면 왼쪽에는 LG 입구가, 오른쪽에는 두산 입구가 있다. 이렇게 한 지붕 두 가족이 함께 생활하고 있다 보니 서로 마주칠 일도 많을 수밖에 없고, 보통은 두 구단을 일컬어 잠실 라이벌이라고 부르기도 한다. 두 구단은 잠실야구장이라는 제한된 공간을 효율적으로 사용하기 위해서 일부 공간을 공유하기도 하는데, 그중 하나가 구내식당이다. 따로 구내식당을 운영할 공간도 없을뿐더러 각각 운영했을 때 발생하는 비효율을 줄이고자 식당만큼은 공동으로 운영하고 있다. 그러다 보니 점심시간에는 라이벌인 LG 프런트와 두산 프런트가 구내식당에 함께 모여서 점심을 먹는 기이한 풍경이 연출된다.

　모두가 알다시피 두산이 LG보다 지난 수년간의 성적이 월등히 좋았기 때문에, 당연히 두산 프런트가 기분 좋게 점심을 먹는 경우가 많았다. 그렇다고 그중 누군가 나서서 일부러 자랑하는 것도 아니지만, 왠지 모르게 당당해 보이던 두산 프런트에 심리적으로 위축되는 것도 분명 있었던 것 같다. 나는 농구단 프런트인데도 말이다. 점심을 먹으면서 '언제쯤 LG도 두산처럼 좋은 성적을 내서 편안하게 밥을 먹을 수 있을까?' 생각했다. 그 정도로 프런트는 성적에 대한 압박과 스트레스를 달고 살 수밖에 없다. 모두가 일희일비하지 말자고 다짐하지만, 막상 승패가 결정되면 절대 그럴 수가 없다. 성적이 곧 프런트생활의 퀄리티를 만들기 때문에 단언컨대 이로부터 절대 자유로울 수 없다. 나중에 다시 이야기하겠지만 이런 성적에 대한 스트레스가 나중에는 오히려 스포츠 경기를 순수하게 즐길 수 없도록 만들기도 했다.

제12화
몸이 편한 시즌생활

프런트의 일 년은 크게 경기가 진행되는 시즌과 경기를 준비하는 비시즌으로 나눌 수 있다. 시즌과 비시즌은 전혀 다른 업무와 형태를 가지고 있는데, 먼저 시즌에 관해서 이야기해볼까 한다. 구단 마케팅팀의 시즌은 말 그대로 선수들이 비시즌 동안 준비한 경기력을 가지고 상대 팀과 시합을 하는 데 있어서 불편함이 없도록 지원함과 동시에 팬과 관련된 모든 일련의 업무를 담당하는 것이다. 종목과 구단의 상황에 따라 조금씩 다를 수는 있지만, 프로농구단을 기준으로 이야기하자면 시즌 동안의 일과는 보통 이렇다. 전날 평일 경기(저녁 7시)가 야간에 끝났으면, 다음 날 보통 점심 전후로 출근을 하게 된다. 출근과 동시에 그날 해야 할 주요 업무들을 확인하고 우선순위를 정한다. 보통은 티켓 판매, 홈경기 이벤트, 상품 판매, 경호와 아르바이트, VIP 의전, 경기장 시설점검 등이 주요 업무다. 소소하게 챙겨야 하는 것들까지 따지면 경기 날은 해야 할 일들이 정말 많다. 그것 중 하나라도 펑크가 나면, 해당 경기를 진행하는데 문제가 생기기 때문에 꼼꼼하게 확인해야 하는 것은 당연하다. 주요 업무들을 사전에 확인하고 팬들이 입장할 수 있는 개문(보통 2시간 전) 시간 전에 웬만한 모든 것들의 점검을 마치고, 개문 직전에 담당자들이 정위치 할 수 있도록 무전기를 통해 전달한다. 개문과 동시에 치어리더와 구단 캐릭터가 입장하는 팬들과 인사를 나누고 코트에서는 MC가 사전 이벤트를 진행한다. 그리고 해당 경기 경기감독관과 심판이 경기장에 도착하면 경기와 관련된 기본적인 시설 점검을 함께 하게 되고, 이후에 도착한 양 팀의 선수들이 코트에서 연습할 수 있도록 안내하고 통제한다. 경기가 진행되는 동안에 경기장 중앙에서 마케팅팀장은 작전타임에 맞춰서 이벤트가 순서대로 진행될 수 있도록 지시를 하고, 담당자인 나는 경기장 안팎을 돌아다니며 예상치 못한 돌발 상황에 대응한다. 돌발 상황은 너무 다양하다. 갑자기 스코어 전광판이 꺼져서 경기가 중단되기도 하고, 팬들의 싸움이나 과격한 행동을 중재하기도 한다. 가장 많이 발생하는 것은 역시 시설과 관련된 것들이다. 시설의 경우 구단 자산이 아닌 지자체 시설을 임대료를 내고 쓰는 경우가 많다 보니 직접적인 점검보다 관리공단을 통해서 대응할 때가 아무래도 정확성이나 신속함이 떨어질 수밖에 없다. 이렇게 시설과 관련된 이슈가 생기면 정말 등에서 식은땀이 줄줄 흘러내린다. 그래서 이런 상황을 대비해서 구단에서는 대처할 수 있는 최소한의 매뉴얼을 가지고 있고 담당자는 늘 숙지하고 있어야 한다. 그리고 경기가 끝나고 마지막 팬이 퇴장할 때까지 안내하고, 입장 관중과 이벤트 등을 간략하게 이벤트 팀과 리뷰하고 퇴근하게 된다.

보통 퇴근하는 시간은 경기 종료 후 1시간 이후라 평일 경기가 있는 날에는 밤 10시쯤 퇴근하게 된다. 지방을 연고지로 삼고 있는 경우에는 프런트 전용 숙소가 있거나 시즌 계약을 한 호텔을 사용하는데, 밤 늦게 퇴근하더라도 프런트는 바로 숙소로 들어가지 않는 경우가 많다. 홍보팀이나 운영팀의 경우엔 경기장을 찾는 기자들과 함께 식사하러 가는 게 보통이다. 김영란법 이후에 어떻게 변했는지 잘 모르겠지만, 방문하는 모든 기자를 케어 하는 게 일반적이다. 말이 식사지 자연스럽게 술을 함께하기 때문에 술자리는 2~3차로 넘어가는 경우가 허다하다. 반면에 마케팅팀은 경기 운영 스텝들과 간단한 저녁 식사를 하러 간다. 아무래도 기자들과 함께 하는 자리보단 덜 부담스러운 게 사실이다. 나 같은 경우는 프런트 초반에는 경기 후 기자든 스텝이든 함께하는 자리에 많이 따라다녔지만, 시간이 흐르고 나서는 숙소로 일찍 들어와서 개인 시간을 가졌다. 그렇게 하지 않고서는 6개월 정도 되는 시즌을 보내는 동안 피폐해질 것 같아서 가급적이면 숙소에서 쉬거나 자기 계발하면서 충전하는 편이었다. 퇴근하고 혼자 심야 영화도 보러 다니고, 다음 날 아침에는 헬스장이나 수영장에서 운동도 하고 어학 공부도 했다. 시즌 생활은 이 같은 일과가 6개월 정도 계속 반복이 된다고 생각하면 된다. 소소하게는 다를 수 있지만, 같은 패턴으로 일상이 반복되다 보니 웬만하면 금방 적응하고 익숙해지게 된다. 그래서 막상 시즌이 바쁘고 힘들 것 같지만 오히려 익숙해지고 난 이후에는 개인시간도 많고 몸이 편해지게 된다. 마음만 먹으면 퇴근 후 10시부터 다음날 점심시간까지 온전히 내 시간으로 쓸 수 있다. 그래서 본인이 시간을 어떻게 활용하느냐에 따라서 9 to 6보다 훨씬 여유를 가지고 생활할 수 있는 것이 프런트의 시즌이다. 비시즌이 시즌 동안 어떻게 운영할지 고민하고 준비해야 하는 장기프로젝트라면, 시즌은 비시즌에 준비해놓은 것들을 가지고 한 경기 한 경기에 집중하는 단기 프로젝트다. 그래서 비시즌보다 상대적으로 업무의 강도나 스트레스는 덜한 편이다.

제13화
비용과 세일즈

구단 마케팅팀의 비시즌은 앞으로 다가오는 6개월의 시즌 동안 누구랑 무엇을 어떻게 할까를 고민해야 하는 매우 중요한 시기다. 시즌이 농사의 결실을 보는 계절이라면, 비시즌은 땀 흘리며 묵묵히 농사를 지어야 하는 시즌이다. 비시즌 동안 많은 것들을 마케팅팀에서 준비하지만 가장 중요한 것은 '돈을 어떻게 벌까' 고민하는 것이다. 특히 농구단에서 돈을 버는 일은 그 어떤 일보다 가장 중요한 미션이다. 그럴 수밖에 없는 구조적인 이유를 설명해볼까 한다.

프로농구단 하나를 운영하는데 필요한 예산이 구단마다 상황은 조금씩 다르겠지만 대략 60억 언저리인 것 같다. 그런데 농구단 같은 경우는 앞서 말했던 것처럼 야구단보다 상대적으로 구단주와 그룹의 관심에서 멀어져 있다. LG 그룹이 GS와 LS로 나뉘기 전만 하더라도 LG 스포츠 안에 축구단도 있고, 씨름단도 있어서 당시에는 구단주와 그룹의 관심을 공평(?)하게 골고루 나눠 받았다는데, 그룹 분리에 따라 스포츠단 역시 둘로 쪼개지게 되었다. 그러면서 GS 스포츠에는 축구와 배구가 현재 남아있고 LG 스포츠에는 야구와 농구만 남게 되었다. 이렇게 스포츠단의 규모가 예전보다 반으로 줄어들면서 자연스럽게 그룹 내에서도 관심이 점차 줄어들었다고 한다.

그리고 빠르게 고도화되는 패러다임 속에서 그룹의 경영환경 역시 끊임없이 도전을 받게 됨에 따라, 예전부터 관심과 응원 속에서 관례로 진행되던 스포츠단에 대한 모기업의 지원 규모에 대해 그룹 내에서도 끊임없이 논의되고 있다. 연간 야구단과 농구단을 운영하는데, 수백억의 자금이 필요한데, 그룹의 치열해진 경영상황을 고려했을 때 예전처럼 구단운영 비용을 전부 모기업에서 지원할 수는 없으니 비시즌이 되면 내년 시즌을 운영하는데 필요한 비용을 확보하는 것이 구단에서는 늘 가장 큰 이슈가 될 수밖에 없다. 이런 상황이다 보니 구단에서도 그룹의 지원이 없어도 수익을 내고 자생할 수 있는 시스템을 구축하라는 지시가 계속 내려온다. 그래서 얼마큼 비용을 줄일 수 있는지, 그리고 얼마큼 돈을 벌 수 있는지가 그 어떤 것보다 중요하다.

구단의 주요 수입원인 스폰서 유치와 시즌 티켓 판매에 마케팅팀 전원이 비시즌 동안 사활을 걸고 매달리는 것도 이런 이유 때문이다. 스폰서 유치와 관련해서는 구장 내외에 있는 광고 구좌를 발굴하고, 다양한 스폰서를 찾아가서 설득해서 광고 집행을 하도록 만들어야 한다. 이 과정에서 사실 자존심 상하는 일들이 비일비재한데, 어떨 때는 약속을 하고 찾아갔음에도 담당자가 자리에 없는 경우도 있고, 한두 시간 씩 기다리는 경우도 종종 있다. LG라는 타이틀을 달고 있지만, 잠재적 스폰서들에게는 한낱 돈 달라고 찾아온 빚쟁이 정도로 보였을지도 모르겠다. 그만큼 스폰서 유치는 자존심을 잠시 내려놓고 내가 동원할 수 있는 모든 인적 네트워크를 활용해서 만날 수 있는 모든 사람을 만나서 가능성을 타진해야 한다. 동시에 기존 스폰서들은 이탈방지를 위해 비시즌에 만나서 감사 인사를 하고, 식사하며 다음 시즌에 대한 계획도 논의해야 한다.

(나) "도와주신 덕분에 시즌 잘 마쳤습니다. 시즌 결과보고서 전달 드려요."

(스폰서) "신경 써주신 덕분에 저희 브랜드가 노출이 자주 되더라고요. 그런데…."

(나) "아, 잠시만요, 내년에도 저희와 함께하셔야죠? 서비스 구좌를 더 드릴게요."

(스폰서) "저도 그러고 싶은데…. 아시다시피 저희도 매

출이 급감해서 상황이 쉽지 않네요."

(나) "그럴수록 더 마케팅과 홍보에 힘을 쏟으셔야죠. 저

희가 더 많이 도와 드릴게요."

시즌 티켓 판매도 마찬가지다. 기본적으로 시즌 티켓 구매는 개인과 기업으로 나뉜다. 개인 시즌 티켓은 사실 그 수량이 크게 늘어나지 않는다. 반면에 연고지에 위치한 기업들을 대상으로 한 B2B 시즌 티켓 판매는 얼마나 뛰어다니느냐에 따라 그 양이 확 늘어나기도 하고 반대로 확 줄어들기도 한다. 어쩌면 스폰서 유치와 비슷할 수도 있는데 다른 점은 철저하게 연고지를 베이스로 영업활동이 전개된다는 점이다. 시즌 티켓인 만큼 연고지에 거주하고 있어야 경기를 볼 수 있기 때문이다. 만나는 기업의 현재 상황을 정확하게 파악하고, 관련해서 누가 의사결정에 영향력을 행사할 수 있는 키맨인지를 알고 전략적으로 접근해야 성사될 확률이 높아진다. 특히, 지방은 지역사회 기반이기 때문에 한두 다리만 건너면 다 형·동생 하는 사이라서 그런 사람들과의 관계를 적절히 활용해서 영업해야 한다.

비시즌은 확실히 몸도 마음도 여유가 없다. 아니 매우 지친다. 한 시즌 농사를 제대로 하기 위해서 비시즌에 얼마만큼 노력하고 성과를 거두는지가 중요하기 때문에 항상 무언가에 쫓기는

것처럼 심리적인 압박을 계속 느끼게 된다. 구단에서 돈을 버는 것이 얼마나 중요한가를 보여준 일화가 있다. LG 농구단 유니폼 광고는 암묵적으로 보통 계열사의 제품/서비스만 들어올 수 있는 광고구좌였다. 쉽게 말해 LG라는 그룹의 이미지를 가장 잘 보여줄 수 있는 유니폼 광고는 자존심과도 같았기에 LG의 제품이나 서비스가 아니고서는 들어갈 수 없었다. 하지만 점차 국내외 경영환경이 어려워지고 치열해지면서 자연스럽게 스폰서 유치도 원활하지 않게 되자, 그룹에서 새롭게 내려온 지침이 삼성 빼고(암묵적 지시) 어떤 스폰서라도 좋으니 돈을 낼 의향이 있으면 무조건 유치하라는 것이었다. 그래서 그 당시 스포츠 마케팅을 통해서 홍보를 원하고 있던 타지역의 젓갈과 딸기 같은 농수산물 브랜드들이 구단창립 후 최초로 유니폼 스폰서로 들어오기도 했다. 선수들의 유니폼에 젓갈, 딸기와 같은 로고가 들어간 모습을 볼 때 개인적으로 큰 이질감도 느껴진 반면에 이것이 앞으로 구단이 나아갈 방향이라는 생각에 마음이 아리기도 했다.

아마 LG 구단만이 아니라 현존하는 모든 프로구단의 최대 화두는 자생력일 것이다. 자생력이 확보되지 않으면, 미디어에서 구단매각 관련된 소식이 잊을 만하면 들려오게 되는데 바로 이 이유 때문에 그렇다. 쓰는 비용을 최대한 줄이고 팔 수 있는 모든 것들을 팔아서 돈을 벌어야 하는 것이 구단 마케팅팀 프런트의 비시즌 가장 큰 미션이다. 개인적인 생각이지만, LG 그룹은 얼마 전부터 4세대 오너의 시대가 시작되었다. 모르긴 몰라도 관련해서 앞으로 스포츠단에도 많은 변화가 닥치리라 예상된다. 스포츠단 창립 당시의 명분과 관심이 세대를 거듭하고 구단주가 바뀌면서 많이 희석되었기 때문에, 어느 순간에는 분명 스포츠단의 존재 목적이 명분보다는 비용과 경영관점에서 재평가될 확률이 크기 때문이다. 그래서 다가올 변화를 예측하고 대응해야 하는 것도 프런트가 해야 할 일들일 것이다.

제14화
연고지 밀착 마케팅

프로구단은 연고지를 가지고 있다. 쉽게 말하면 한 도시나 지역을 대표로 하는 특정 종목의 프로구단이 되는 셈이다. LG 농구단 같은 경우는 창원이라는 대도시를 연고지로 하고 있고, 나는 그곳에서 다양한 마케팅 활동들을 해보려고 노력했다. 지방 생활이라고는 외가댁이 있는 광주를 빼고는 처음이나 마찬가지였기 때문에, 그곳의 생활들과 문화 그리고 사람들이 처음에는 굉장히 낯설었다. 툭툭 내뱉는 말투부터 익숙하지 않은 패션까지. 처음에는 그냥 지방의 낯선 문화라고 생각했는데, 나중에는 그냥 다른 것뿐이라고 생각하게 되었다. 나중에는 오히려 서울의 화려하고 똑같아 보이는 사람들보다 투박하면서도 정이 있는 그 지역 사람들을 더 좋아하게 되었다.

구단 프런트는 연고지의 문화와 사람들을 충분히 이해하고 있어야 효과적이고 이질감 없는 마케팅이 가능하다. 패션부터 유행하는 아이템과 먹거리까지 서울과는 전혀 다른 문화들이 도시별로 존재한다. 구단에서 그 지역 팬을 대상으로 마케팅을 하기 위해서 그들의 관심사와 이슈를 반드시 먼저 파악할 필요가 있는데, 그런 것들은 하루아침에 이뤄지지 않는다. 매 경기 입장하는 관중들을 유심히 살펴볼 필요도 있고, 또 구단 홈페이지 게시판과 기타 온·오프라인 커뮤니티를 모니터링하는 꾸준한 습관도 필요하다. 그렇다고 꼭 스포츠 종목과 관련된 커뮤니티만 눈 빠지게 보고 있으라는 것이 아니다. 오히려 내 경우에는 지역에서 정보가 가장 빠르게 공유되는 맘카페나 10대, 20대 등 연령대별 다양한 친목 카페들을 살펴보는 것도 큰 도움이 됐다. 그곳에서 나오는 이슈들이 곧 마케팅 컨셉을 잡는데 모티브 되는 경우가 많았기 때문이다.

또, 연고지를 이해하는데 빼놓을 수 없는 것 중의 하나가 지자체 담당 공무원과의 관계이다. 프로구단이 경기장을 소유하고 있는 경우는 없다. 보통 지자체에서 지어놓은 경기장을 관리하는 시설관리공단과 중단기로 임대하는 형식을 취하는데, 구단에서 늘 제기되는 이슈는 두 가지다. 임대료를 낮추는 것과 경기장 개보수 건이다. 첫 번째 임대료는 결국 앞서 말한 구단의 자생력과 연결되어 있다. 연간 지불해야 하는 임대료가 적지 않기 때문에 이 수수료를 조금만 낮춰도 구단의 수익개선에 큰 도움이 된다. 반대로 공단도 프로구단에 시설을 임대하는 것을 지자체의 수익사업으로 접근하기 때문에 상호 간에 접점을 찾기가 늘 쉽지가 않다. 자생력을 키울 수 있도록 연고지 지자체와 공단이 지원해주고, 나중에 그 자생력을 바탕으로 연고지에 재투자할 수 있는 선순환 고리가 만들어져야 하는데 당장의 입장이 상이하다 보니 그러기가 쉽지가 않다. 개인적으로 이 부분에 대해서 생각한 바가 많았는데, 결론은 상호 간에 장기적인 관점에서 유동적인 임대료 정책을 쓸 필요가 있다고 생각한다.

두 번째는 시설 개보수 건이다. 프로구단은 보통 시즌이 시작되기 전에 시설 개보수에 대한 요청을 지자체와 공단에 하게 된다. 비시즌에는 지자체에서 각종 생활체육행사와 공연 등의 목적으로 임대사업을 진행하기 때문에 상당 부분 시즌 전에 파손이나 보수가 필요한 부분들이 발견된다. 프로 경기가 열리는 경기장의 시설물은 팬들이 조금 더 편안하고 안전하게 경기를 볼 수 있도록 하는 가장 기본적인 서비스이기 때문에 철저하게 점검하는 편이다. 경기장은 시즌에는 프로구단이 사용하지만 그렇다고 소유권이 없는 구단에서 이런 시설 개보수를 임의로 진행할 수도 없다. 이런 이유로 관련된 유지보수 예산도 거의 없다. 그래서 비시즌에 지자체 담당자의 미팅과 스킨십이 중요할 수밖에 없다. 결국은 이들을 먼저 움직이게 만들어야 하기 때문이다.

담당자도 예산을 어디선가 확보해야 진행이 가능하기 때문에 구단 프런트는 지속해서 이들과 관계를 만들고 시설 개보수에 대한 타당성과 명분을 끊임없이 이야기 해야 한다.

여담이지만 대관(관공서)업무를 할 때 다소 권위적이고 특권 의식을 가지고 있는 담당자를 만날 때도 있는데, 원칙만 반복적으로 이야기하고 합의점을 찾으려는 노력하지 않는 담당자를 만나면 정말 피곤하다. 그래서 이런 이슈가 해결되지 않을 때마다 우리끼리는 더 잘해주는 도시나 지역으로 연고지를 옮기면 좋겠다는 이야기를 농담조로 하곤 하는데, 분명한 것은 지자체도 구단도 연고지의 시민과 팬들의 즐거움을 위해 존재한다는 것을 잊지 말아야 한다. 그런 관점에서 상호 간에 유기적인 소통 채널을 확보하고 논의하면 좋지 않을까.

제15화
구단과 미디어

프런트가 해야 하는 일 중의 하나가 미디어 관리다. 프로스포츠의 생리상 미디어와 떼려야 뗄 수 없는 관계이기 때문이다. 구단에서는 매 경기 종료 후 방송중계와 스포츠 뉴스 그리고 스포츠 기사가 충분히 각 매체를 통해서 송출될 수 있도록 해야 한다. 이런 데는 다양한 이유가 있겠지만 마케팅 측면에서 보면 미디어를 통해서 한 번이라도 더 노출되어야 관중이 늘게 되고, 스폰서 로고가 한 번이라도 더 미디어에 노출되어야 비시즌에 스폰서 유치 영업에 도움이 되기 때문이다.

프런트가 되기 전만 하더라도 방송사 기자, 신문 기자, 인터넷 기자 등 기자는 다 똑같은 기자라고 생각했다. 하지만 현실에서는 많이 달랐다. 내 머릿속에는 미디어와의 관계에서 좋은 기억보다 불편한 기억들이 더 많다. 지방을 연고지로 하고 있으면 보통 그날 구단 홍보팀에서 어떤 매체의 누가 내려오는지 면면을 대략 파악한다. 그리고 그 매체의 권위와 사람 수에 따라서 식당을 예약한다. 기자들이 지방에서 열리는 경기에 내려올 때 1박을 전제로 하고 내려오는 경우가 많다. 그래서 경기가 끝난 후 기사를 마감하고 프런트와 같이 식사를 하러 가는 것이 일반적이다. 보통은 홍보팀에서 미디어를 상대하긴 하지만 내려오는 기자가 많으면 운영팀과 마케팅팀에서도 지원을 나가기도 한다.

프런트가 되고 나서 가장 낯설었던 부분이 미디어와 기자의 연차 수준에 따라서 따로 관리가 된다는 점이다. 쉽게 말해서 미디어와 기자에도 '급'이 있다. 지금은 사회적인 분위기나 매체가 늘어남에 따라서 많이 바뀌었지만, 당시만 하더라도 방송 3사와 조·중·동 기자들은 다른 스포츠 일간지나 인터넷 기자와 같은 자리하는 것을 내켜 하지 않았다. 또 스포츠 일간지 기자들 역시 인터넷 기자들과 같이 자리하는 걸 썩 좋아하지 않았다. 정해진 규칙이 있는 것은 아니었지만 분명히 그들 모두가 서로 급이 다르다고 생각하는 암묵적인 동의가 존재했다. 그래서 기사를 마감하고 식사하러 갈 때면 미리 몇 개의 식당을 따로 예약했고, 각각 식당마다 팀을 나눠서 구단 프런트가 붙어서 관리하고 지원했다. 구단 프런트입장에서는 관행적이고 그들의 문화이기 때문에 존중하고 따르지만 사실 그렇게 각각 별도로 관리 지원하는 것이 소모적이고 비효율적이라는 것에 대해서 이견을 다는 사람은 없었다. 그 중에서도 각 미디어의 데스크나 고참 기자가 내려오면 단장과 별도의 식자리를 마련해서 나름 급을 또 맞춰서 관리했다.

낯설었던 부분이 위와 같다면 불편했던 부분은 가끔 있는 노골적인 요구사항들이었다. 모든 매체의 기자가 그랬던 것은 아니지만, 1박으로 연고지에 내려오면서 내심 구단의 이런저런 지원을 기대하는 기자들도 종종 있었다. 특정 기념품을 요청한다거나 무엇을 먹고 싶다거나 그리고 특정 스포츠신문 구독을 요청하기도 한다. 구체적으로 언급할 수 없는 과도한 요구사항도 물론 있었고, 어떤 날은 술자리 1차에서 만취해서 횡설수설하는 경우도 있었다. 지금은 그런 행태를 사회와 제도가 용납하지 않기 때문에 당연히 없겠지만, 어린 날 혈기왕성했던 나에게는 꽝장히 불편하고 화가 나는 상황들이 많았다. 그래서 그땐 모든 스포츠 종목 위에 군림하는 직업이 스포츠기자라는 생각을 많이 했다.

구단도 미디어가 필요하고 미디어도 구단이 필요하다. 사실 대등한 입장의 관계로 보이지만, 현실은 한쪽으로 완전히 기울어진 운동장이다. 이러다 보니 구단 프런트는 미디어를 통해서 부정적인 기사를 최소화하고 긍정적인 기사를 극대화하기 위해 그들을 관리하고 비위 맞추는 위치에 있을 수밖에 없다. 모르긴 몰라도 이런 불균형적인 포지션의 위치는 앞으로도 완벽하게 해소되기는 어려울 것이다. 구단 마케터가 미디어를 관리해야 하는 업무에 있어서 책임은 없지만, 소수로 구성되어있는 구단조직 특성상 가끔은 지원 나가야 하는 일들이 발생한다. 그래서 미디어별 어떤 기자가 속해 있는지와 어떤 성향을 기사를 쓰는지 등을 평소에 잘 파악하고 지원업무를 해야 한다. 물론 잠시 자존심은 사무실 캐비닛에 넣어 놓고 나가면 된다.

제16화
프런트 역량평가

모든 직장생활이 그렇듯이 매년 한 번씩은 본인의 R&R(Role & Responsibilities)에 대해서 평가를 받는다. 회사에서는 보통 인사고과라고 불리는 연말평가를 위해서 개인마다 KPI(핵심성과지표)라는 평가지표를 설정하는데, 구단 프런트도 직장인이므로 동일하게 평가지표를 세우게 되어있다. 다만 일반 기업과는 좀 다른 지표를 설정하는데, 운영팀은 성적이 가장 큰 비중을 차지하는 반면 마케팅팀은 크게 관중동원과 스폰서 유치 두 항목이 보통 전체 비중의 6~70%를 차지한다. 그만큼 가장 중요한 업무라는 뜻이기도 하다.

앞에서도 잠깐 설명했지만, 관중동원과 스폰서 유치는 다른 듯 보이지만 그 맥을 같이하고 있다. 홈 경기장에 찾는 관중이 많아질수록 소위 말하는 인기구단(성적과는 무관한)으로 평가받게 되고, 그런 평가 시스템에 따라 스폰서광고 효과가 높게 측정

되기 때문에 자연스럽게 나중에 신규스폰서 유치에 도움이 되는 구조다. 이걸 조금 다르게 이야기하자면, 관중동원이 많이 돼서 유료 관중이 많아지면 자연스럽게 현금스폰서 유치도 원활해지기 때문에 구단의 수익사업에 도움이 된다는 이야기다. 프로구단의 자생력은 과거에도 그랬고 앞으로는 더더욱 큰 도전에 직면하게 될 것이 뻔하다. 얼마나 빨리 모기업의 지원에 의존하지 않고 자력으로 흑자 전환을 해서 구단을 운영할 수 있는지가 구단 내외부에서 강하게 요구될 것이다. 그래서 구단 마케팅팀 구성원은 관중동원을 위해서 시즌 내내 새롭고 차별화된 프로그램을 만들려고 한다.

관중동원을 하는 데 있어서 가장 큰 딜레마는 무료 관중과 유료 관중의 밸런스 유지다. 홈경기가 있는 날 좌석 객단가 유지를 위해서 무조건 유료 관중만 고집하게 되면 무료티켓에 익숙한 관중들의 반감으로 경기장이 텅텅 비어 보일 수 있다. 그렇다고 무료 관중을 무분별하게 초청하다 보면 장기적으로 구단의 수익사업에 큰 저해요소가 되고 자생력을 갖추기 점점 힘들어질 수밖에 없다.

내가 구단에 몸담았던 초기만 하더라도 좌석 객단가보다 좌석 점유율이 더 중요했던 때가 있었다. 다른 구단보다 얼마나 많은 관중을 홈 경기장에 채우느냐가 중요한 지표였다. 평균 좌석점유율이 비정상적으로 100%를 넘어가던 때도 있었는데, 거기에는 티켓의 허수들이 많이 존재했다. 일단 경기장에 관중을 채우기에 급급하다 보니 실제 입장 관중이 아닌 정해진 단체에 나간 티켓들을 당일 입장관중에 포함하면서 발생하는 해프닝이다. 그러다 보니 정작 좌석점유율은 100%가 넘었는데, 홈 경기장 곳곳이 듬성듬성 비어있는 이해할 수 없는 상황들이 발생하곤 했다. 하지만 프로구단의 자생력에 대한 구단 내외부의 요구사항들이 거세지면서 이제는 모든 구단이 장기적인 로드맵을 가지고 무료 관중 티켓을 줄여나가며, 다양한 할인정책과 기대 이상의 팬서비스로 좌석 객단가와 티켓의 가치를 높이면서 유료 관중에 점차 집중하고 있다.

무료 관중에 집중하던 시기에는 효율적으로 티켓을 많이 뿌리는 게 목표여서 아파트단지 부녀회부터 각종 동아리와 모임까지 최대한 많은 네트워크를 확보하는 데 주력했다. 반면에 유료 관중 시대에는 타겟으로 하는 단체에 맞는 할인 명분과 프로그램을 만들어서 그들이 매력적으로 느낄 수 있는 티켓 정책을 만들어가는 퀄리티에 집중했다. 둘의 성격이 전혀 다르지만 가장 이상적인 것은 유료 관중에 집중하면서 홈경기마다 있는 이슈에 맞는 명분을 가진 단체 초청 등으로 홈 경기장을 채우는 것이 바람직한 모습일 것이다.

스폰서 유치와 관련된 목표설정은 보통 얼마 이상의 현금스폰서 유치와 몇 개 이상의 현물스폰서 유치로 나뉘는데, 중점을 두어야 하는 것은 현금스폰서 유치다. 현금스폰서 유치는 비시즌에 많은 발품을 팔아야 유치될 확률이 높아지기 때문에 시즌이 종료되면, 스폰서십 결과보고서와 새로운 제안서를 들고 다니면서 기존 스폰서와 신규 스폰서를 만나러 다닌다. 절대적으로 아쉬운 소리를 할 수밖에 없는 을의 처지기 때문에 자존심 상하는 일들이 많지만, 그것이 곧 나에 대한 역량평가의 중요한 지표이기 때문에 소홀히 할 수도 없다. 우스갯소리로 LG의 경쟁사인 삼성만 아니면 뭐든지 유치해도 좋다고 할 정도였으니, 얼마만큼 구단이 스폰서 유치에 절박했는지 알 수 있는 부분이기도 하다. 단언컨대 스폰서 유치는 절대 한두 번의 미팅으로 성공하는 경우는 없다. 짧게는 한두 달에서 길게는 일 년 이상 공을 들여 유치할 때도 있다. 우리가 어느 기사에서 볼법한 보험 판매왕의 단순한 노하우처럼, 지속해서 담당자를 찾아가서 만나고 유대관계를 형성해야지만 스폰서 유치가 어느 순간에 결실을 볼 수 있다. 구단마다 현금스폰서 규모는 조금씩 다르지만 작게는 500만 원에서 많게는 5천만 원까지 노출빈도와 위치에 따라서 가격이 천차만별이라서 그 정도 규모의 현금을 줄 수 있는 기업을 잘 골라내는 것 또한 전략적으로 필요한 부분이다.

제17화
술 문화

구단 프런트로 일하면서 가장 버겁고 힘들었던 것 중 하나가 바로 무자비한 술 문화였다. 나는 술을 좋아하지도 않고 몸에서 잘 받지도 않는 체질이라 맥주 1잔 정도의 주량을 가진게 전부인데, 구단 프런트로 입사해서 일정 기간은 자의와 상관없이 술을 마셔야 하는 상황에 자주 놓이곤 했다. 그 상황에는 '적당히'라는 단어는 용납되지 않는다. 늘 2차, 3차, 4차까지 끌려다니며 마시는 상황들이 생기다 보니 프런트생활 초기에는 이것 때문에 큰 스트레스를 받기도 했다. 술을 마시는 상황은 정말 다양하다. 그리고 마시는 술의 양은 내 기준에서 보지 않더라도 어마어마했다.

시즌 중에 홈경기가 있는 날이면 보통 1~3일 전에 먼저 내려가서 선수들 연습을 지원하게 되는데, 선수들의 연습은 아무리 늦어도 저녁 식사 전에 보통 끝나기 때문에 프런트는 뒷정리하고 다 같이 저녁 식사를 하러 가서 꼭 술을 함께 주거니 받거니 한다. 특히 그런 날에 단장님이라도 계시면 주는 술을 거부할 수가 없어서 당연히 주량보다 많이 마시게 되다 보니, 저녁 식사 시간이 될 때쯤이면 단장님이나 국장님이 따로 약속이 있는지 없는지 살펴보게 되었다. 또, 홈경기가 있는 날에는 경기가 끝나고 기자들과 함께 하는 경우가 일반적이고 그런 자리는 자리대로 주법이 있다 보니 기자 한 명 한 명과 술잔을 권하고 받다 보면 또 힘든 상황에 놓이게 된다. 1차로 끝나는 법도 없고 꼭 2차 3차까지 넘겨서 새벽에 들어오는 경우가 허다했다.

어느 정도 연차가 쌓이고 나서는 스스로 술자리를 선별하고 적당한 선을 지킬 수 있었지만, 그전까지는 술자리로 인해서 다음 날 업무가 지장 받을 정도로 매우 힘들었다. 술로 성적의 스트레스를 푸는 업계 관행을 고려하더라도 이렇게 무자비하게 먹는 술자리는 늘 힘든 업무의 연속일 뿐이었다. 무조건 원샷을 강요하고, 폭탄주는 소주 70%에 맥주 30% 비율을 선호하기도 하고, 1차로 끝나는 법 없는 구단의 술자리 문화는 지금도 이해할 수 없는 부분이 있다. 물론 과거보다는 많이 좋아졌다. 선배들도 그런 술자리 문화에 대한 합리적인 수준을 인식하고 자율적인 술자리 문화를 만들어 가는데 호의적으로 바뀌었다. 그럼에도 대한민국 스포츠 산업에서 술자리 문화는 아직도 누군가에게는 큰 스트레스가 될 수 있다는 점을 인식하고 있어야 할 필요는 있다.

한 번은 시즌 종료하고 프런트와 선수단이 모두 모여 시즌을 마무리하는 납회식(시즌을 마무리하는 회식 자리)을 하는데, 사장님께서 이번 시즌에 7등으로 마무리했으니 다 같이 폭탄주 7잔씩 먹고 시작하자는 제안을 했다. 그 자리에서 10분도 안 돼서 소주 70%에 맥주 30% 비율의 폭탄주를 7잔씩 먹고 그때부터 본격적인 술자리를 이어갔던 기억이 있다. 그날 어떻게 집에 왔는지 잘 기억이 안 날 정도로 인생에서 매우 힘든 하루 중 하나였다. 또 한 번은 시즌이 종료되고 최고참 선수가 친하게 지내던 프런트 몇 명만 불러내서 술 한 잔 산다고 해서 나갔다. 그 선수는 좋아하는 형이기도 했는데, 희한하게 술자리에서만큼은 같은 양과 속도로 함께 마시는 것을 매우 중요하게 생각하는 스타일이었다. 그날도 형이 수고했다고 주는 술을 마다할 수는 없어서, 받아먹다 보니 벽을 부여잡고 살짝 정신을 놓고 있는 나를 발견하기도 했다. 한 시즌 수고했다고 챙겨주는 형의 마음이 고맙기도 했지만, 한 편으로는 그냥 커피나 밥만 사줘도 충분히 고마워했을 터라는 푸념을 나중에 늘어놓기도 했다.

(선수 형) *"진짜 고생했다. 성적은 인제 와서 이야기하면 뭐해. 그냥 오늘은 즐겁게 마시자!"*

(나) "형도 수고하셨어요. 부상도 있었는데 후배들 끌고 시즌 마무리 잘하셨어요."

(선수 형) "일단 마시자. 형이 오늘 다 책임질게. 원샷!"

(나) "저는 제 주량 나눠서 적당히 맞춰서 먹을게요. 아무튼 자리 만들어줘서 고마워요."

(선수 형) "뭔 개소리야. 우리가 이렇게 따로 놀려고 만난 게 아니잖아. 함께 해야지!"

　그냥 스포츠 산업과 구단과 선수들의 술 문화가 일반적으로 그랬다는 말이다. 앞으로 구단에서 일하고 싶은 누군가 나와 비슷한 상황에 놓이게 된다면, 스스로 술자리에 임하는 나만의 기준이나 신념 같은 것을 가지고 있는 것이 중요하다. 하루 이틀 이리저리 끌려다니다 보면 몸은 몸대로 마음은 마음대로 지치게 된다. 당연히 업무에 방해되는 것은 말할 필요도 없다. 조직 생활에서 무작정 안 된다고 이야기할 수 없다는 것도 잘 알고 있지만, 그렇다고 무조건 된다고만 이야기하는 것도 맞지 않는다. 특히 술과 관련해서는 양보하지 말자.

제18화
선수들과의 관계설정

프로구단으로 이직에 성공하고 입사 전까지 남은 며칠 동안 프런트가 된 나의 모습을 상상하는 것은 행복한 시간이었다. 특히, 내가 팬으로 바라보던 선수들과 형, 동생 하며 밥도 먹고 같이 어울리는 모습은 오랫동안 내가 바라던 그것이었다. 그래서 프런트가 되자마자 나는 선수들과 친분을 쌓는 일에 개인적으로 열을 올리기도 했다. 개인적인 친분이 바탕이 되어야 프런트로 일하면서 해결되지 않는 일들을 효율적으로 해결할 수 있을 거라는 믿음이 있었기 때문이다. 나의 적극적인 호감을 처음에는 낯설어했지만, 대체로 비슷한 또래의 선수나 동생들이 나를 편하게 대하는 데는 오랜 시간이 필요하지 않았다. 나중에는 친구 같고 동생 같은 형 같은 선수들이 개인적으로 해결되지 않은 문제들을 나한테 많이 이야기하는 편이었는데, 나는 내 선에서 해결할 수 있다면 웬만하면 요구사항을 다 들어주려고 했다.

일방적인 선수들의 요구사항들이 점차 많아질수록 나는 선수들이 조금씩 불편하게 느껴지기 시작했다. 한두 번의 요구사항을 들어주는 것은 친분으로 충분히 수용할 수 있는 범위에 있었지만, 그 선을 넘어가는 일들이 빈번하게 발생하면 정작 선수들이 나를 필요할 때만 이용하고 있다고 생각하게 되었다. 물론, 이런 상황을 만든 데는 전적으로 내가 나의 포지셔닝을 잘 못 했던 부분이 있었지만 그런데도 뻔히 보이는 무리한 요구사항들이 나의 마음을 계속 불편하게 했다. 사실, 대다수의 선수는 그런 상황을 의도하거나 바라지 않았고 그저 편한 관계 속에서 편한 마음으로 부탁했을 거라는 생각에는 지금도 변함이 없다. 다만, 일부 몇몇 선수들은 분명 이기적인 생각으로 나와의 친분을 이용했고, 이런 경험을 하면서 나는 그 뒤로 선수와의 관계에서 명확하게 선을 지키게 되었다.

 한 번은 선수단과 함께 타지역으로 팬 사인회를 갔던 적이 있다. 팬 사인회를 가면 인기 있는 선수들이 보통은 정해져 있게 마련이다. 아침 일찍 출발하기 위해서 구단 버스에 집결했는데 평소 친분이 있던(그리고 팬들에게 인기 있는) 선수가 보이질 않았다. 부랴부랴 숙소로 가보니 술에 잔뜩 취해서 인사불성 된 모습으로 자는 모습에 크게 당황했다. 평소 친하게 지냈던 선수였는데 일단 출발 직전에 마주한 이 상황이 당황스럽고 긴급했던 터라 나도 화가 났다. 작정하고 오늘 팬들을 만나러 가는데 왜 술은 이렇게 많이 마셨으며, 지금도 자고 있으면 어쩌냐고 한소리를 했다. 그러자 오히려 나에게 큰 소리로 화를 내며 얼토당토 않은 변명과 궤변을 늘어놓기 시작했다. 더 지체할 시간이 없어서 일단 선수들 데리고 나와서 팬 사인회 장소까지 이동해서 팬사인회를 마치기는 했다. 하지만 가족 단위와 아이들이 많은 팬사인회 장소에서 책임감 있는 모습을 보여야 할 주축 선수가 술냄새를 풍기며 귀찮은 표정으로 임하던 모습에서 너무 큰 실망과 회의를 느꼈다. 평소에 본인이 아쉽고 필요한 일이 있을 때는 그렇게 살가운 모습으로 다가오던 선수가, 정작 당연히 해야 하는 책임을 외면하고 이기적으로 행동하는 모습이 너무나도 낯설었다.

(나) "아직도 자고 있으면 어떡해? 이제 곧 버스 출발하는데, 오늘 팬 사인회 안 갈 거야?"
(선수) "내가 안 간다고 했어요? 지금 준비하잖아요. 술 좀 마신 거 가지고 되게 뭐라고 하네."
(나) "술 좀 마신 거 가지고 뭐라고 하는 게 아니잖아. 어휴. 일단 빨리 준비하고 나와."
(선수) "네네, 잘 알겠습니다."

선수들의 이런 무책임하고 이기적인 모습을 몇 차례 경험하면서, 선수들과 점차 거리를 두게 되었고 그 뒤로 10년 넘게 스포츠 마케터로 일하면서 항상 선수들과 적당한 거리를 두었다. 그 흔한 사진 한 장 찍어둔 것이 없을 정도로 정말 칼같이 거리를 뒀다. 돌이켜보면 스포츠 마케터로 일하는 데 있어서 이런 선을 지켜왔던 것이 내 일을 조금 더 효과적으로 만들었고 그로 인해 결과도 더 좋았다고 생각한다. 굳이 아쉬운 점을 찾자면 개인적으로 10년 넘게 스포츠 마케터로 일하면서 이런 개인적인 신념 때문에 호형호제할만한 가까운 선수들을 곁에 많이 두지 않은 것이다. 어쩌면 스포츠 마케터로 내가 처음 발을 내디디면서 꿈꿔왔던 모습과는 지금 너무나 다른 모습이 되었지만, 다시 시작하더라도 나는 선수들과 철저하게 선을 지키는 스포츠 마케터가 되려고 노력할 것이다. 열 번 잘해주다 한 번만 잘해주지 않아도 앞의 열 번 잘해준 것이 소용이 없다는 말을 너무나 많이 경험했기 때문이다.

제19화
매너리즘

그토록 되고 싶었던 구단 프런트가 되었는데, 3번째 시즌을 치르고 나니 나에게 큰 슬럼프가 찾아왔다. 단도직입적으로 구단에서 프런트로 일하는 재미가 없었다. 반복되는 시즌과 비시즌이 너무 무료하고 지겨워졌기 때문이다. 물론 그 안에서 하는 일은 매년 조금씩 달랐지만, 그래도 나에게 동기부여를 줄 만한 새로운 무언가가 없었다. 더더군다나 역동적일 것만 같았던 스포츠구단의 조직문화는 대기업의 그것과 별반 다를 게 없었다. 그런 조직문화 속에서 일개 대리였던 내가 할 수 있는 일은 많지 않았다. 그저 짜인 계획대로 그저 실행만 해야 하는 내 처지가 많이 답답했다. 아마 이때부터 프런트가 나의 평생직장이 되지 않으리란 생각을 했던 것 같다. 선배들에게 이런 고민을 털어놔도 이미 그들은 이런 조직문화에 순응하고 평탄한 삶을 추구하고 있던 터라 뾰족한 어떤 대답도 없었고 위안도 되지 않았다.

(나) "다음 시즌 이제 준비해야 하는데, 왜 이렇게 재미가 없죠? 아무것도 하기가 싫어요."

(선배) "배부른 소리 한다. 다들 너처럼 생각하지만 그래도 다 묵묵히 하는 거야."

(나) "좀 더 신나게 일할 수 있으면 너무 좋을 텐데, 과연 그런 시기가 오긴 올까요?"

(선배) "나도 너만 할 때 다 고민해봤는데, 깊게 고민해봐야 더 복잡해질 뿐이야."

나는 내 커리어와 역량에 욕심이 많았고 새로운 자극에 늘 목말라 있었다. 이런 고민을 할 때쯤부터 어떻게 알았는지 헤드헌터들로부터 연락이 오기 시작했다. 이때 연락 오는 헤드헌터들은 주로 스포츠 마케팅이 아닌 기업의 마케팅담당자 포지션을 주로 제의했다. 유통, 패션, F&B 등 그 산업군도 다양했다. 새로운 자극에 목말라 있음에도 불구하고 내가 이런 제의에 응하지 않은 이유는 딱 한 가지였다. 나는 LG라는 구단을 사랑했고, 프런트라는 내 직업에 큰 자부심을 여전히 가지고 있었다. 이 매너리즘과 슬럼프만 극복하면 나에게 구단 안에서 새로운 기회가 분명히 올 거라는 생각을 했기 때문에 나는 이직을 나의 탈출구로 삼지 않았다. 문제해결 방법을 어찌 되든 간에 구단 안에서 찾아보려고 마음먹었다.

고민 끝에 야구단으로 다시 돌아가고 싶어졌다. LG 트윈스에서 일하고 싶어 프런트가 되었는데, 뜻하지 않게 농구단에서 지난 세 시즌을 일하면서 마음 한구석에는 언젠가 LG 트윈스로 돌아가야겠다는 뜻을 품고 있었는데, 그 마음이 점차 커지기 시작했다. 야구단으로 돌아가면 모든 것이 리셋 되어 다시 배우고 시작할 수 있는 새로움 환경이 있을 것만 같았다. 나는 관련된 일로 인사담당자부터 팀장까지 상담하고 야구단에서 새로운 기회를 얻고자 하는 나의 의사를 강력하게 전달하고 설득했다. 하지만 딱 거기까지였고, 더는 진척되는 기미는 전혀 없었다. 나는 끊임없이 스스로 용기를 내서 이 슬럼프를 극복해야 한다고 다독였다.

구단처럼 작고 폐쇄적인 조직에서 사실 이 같은 돌출행동은 자칫 잘못하면 프런트로 생활하는 내내 낙인으로 찍힐 수도 있다. 그런데도 나는 그날은 무슨 용기가 났는지 다짜고짜 사장실 문을 열고 들어가 사장님에게 1:1 면담을 요청했다. 아마 당시 사장님과 함께 일하면서 나눴던 전체 대화보다 그날 면담을 통해 나눈 1시간여 시간이 훨씬 많았을 정도로 많은 이야기를 거침없이 쏟아냈다. 그날 사장님은 나의 이야기를 진지하게 들어주었고, 지금 당장은 조직의 변화를 줄 수 있는 상황은 아니니 연말 인사 시즌에 고려하겠다는 답변을 내게 주었다. 그때 사장님의 그 말이 진심이었는지는 잘 모르겠지만 누군가 나의 고민을 들어주고 함께 고민해주겠다는 그 말이 큰 위안이 되었다.

결과적으로 그날 이 후로 나는 다시 내 일에 몰입할 수 있었다. 당시 사장님이 미처 나를 배려해 주시기도 전에 개인적인 사유로 사장직에서 물러나게 되면서 야구단 복귀 이야기는 쏙 들어갔지만, 크게 아쉽지는 않았다. 그날의 작은 배려로 나는 그 뒤로 2년 넘게 다시 내 일을 즐겁게 했으니까. 구단 프런트 생활이라는 것이 냉정하게 보면 지루한 부분이 분명히 있다. 개인적인 성향이 순응하고 그 안에서 변화보다 안정을 택하는 쪽이라면 큰 문제가 되지 않을 수 있지만, 나처럼 끊임없이 새로운 자극을 필요로 하는 사람에게는 반복되는 사이클로 인한 슬럼프에 언제든지 놓일 수 있다. 그런 상황과 마주했을 때 어떻게 대처하면 좋을지 미리 고민해보는 것도 좋겠다는 생각이다.

제20화
시즌에 필요한 자기 계발

앞에서 한 번 언급했지만, 프런트의 생활을 크게 시즌과 비시즌으로 나눠보면 의외로 시즌 중에 남는 시간이 많다. 어리바리했던 첫 시즌을 제외하고는 시즌 중에 허투루 시간을 보내기보다 이것저것 자기 계발을 위해 시간을 할애했다. 연고지에 내려가면 출퇴근이 굉장히 유동적이기 때문에 본인이 어떻게 시간 관리를 하느냐에 따라서 허송세월 보낼 수도 있고, 반대로 유의미한 시간을 보낼 수도 있다.

프런트 첫해만 하더라도 내게 주어진 시중 중의 시간이 얼마나 소중한 줄 몰랐다. 먹고, 자고, TV 보고를 반복하면서 때가 되면 홈경기를 준비하다 보니 수개월이 훌쩍 지나버렸다. 첫 시즌 마지막 홈경기를 끝내고 텅 빈 코트에서 한 시즌을 떠올려보니 아쉬움과 한심함이 뒤섞인 복잡한 감정들이 솟아났다. 무언가 하루하루 열심히 한다고 했던 거 같은데 돌아보니 구단도 나도 이뤄낸 것이 아무것도 없다는 생각이 들었다. 그날 이후로 나는 똑같은 후회를 하지 않기 위해서 시즌 중에 자투리 시간을 활용해서 독서와 체력단련에 집중했다. 출장을 오가는 길에 비행기를 타든 KTX를 타든 항상 책과 신문을 들고 다녔고, 시간을 쪼개서 이용해서 책을 읽으려고 노력했다. 물론 생각만큼 잘 되진 않았지만, 가만히 숙소에 앉아 TV보고 자고 먹고 하는 내 일상이 최소한 무의미하지 않도록 계속 동기부여를 하려고 했다.

숙소 생활을 같이하는 선배 중에 자기 계발에 관심 있는 사람이 별로 없었다. 자기 계발보다는 사람들을 만나서 어울리거나 쉬는 것에 더 집중했다. 사람마다 가지고 있는 기준과 가치관이 다르기 때문에 선배들을 이상하게 생각했던 적은 없었지만, 최소한 나는 구단의 관습과 루틴에 익숙해져 있는 선배들과는 다르게 생각하고 실천하겠다고 꾸준히 나 자신을 독려했다. 또, 경기장 안에 구단 사무실이 있었기 때문에 내가 원하면 언제라도 운동하고 샤워할 수 있는 완벽한 조건을 가지고 있었다. 운동을 안 할 이유가 없었다. 홈경기가 끝나고 특별한 일정이 없는 날에는 아무리 늦은 시간이라도 5km 러닝과 턱걸이 등 맨손 운동을 꼭 1시간 이상씩 하고 귀가할 정도로 운동만큼은 프런트생활을 마감하는 그날까지 놓지 않았다. 처음에는 저녁 식사 자리에 같이 가자고 권하던 선배나 팀장님도 나중에는 나의 이런 루틴과

의지를 알고 따로 이야기하지 않았다.

> (팀장님) "우리 고기 먹으러 갈 건데, 같이 갈래? 오늘도 운동할 거야?"
>
> (나) "아, 네. 오늘도 러닝 한 바퀴 시원하게 뛰어 들어가서 쉬려고 합니다. 식사하세요~!"
>
> (팀장님) "혼자만 너무 건강한 거 아니야? 가끔 우리랑 밥도 먹고 좀 그래~"
>
> (나) "제가 체력이 제일 부족해서 그렇죠. 몸 좀 만들고 조인하겠습니다!"

6개월이라는 시즌이 길게 느껴질 수도 있지만 2~3일에 한 번씩 홈경기 하다 보면 정말 눈 깜짝할 사이에 끝나버린다. 순삭이라는 표현이 정확하다. 시즌 중에 어떤 식으로 자기 계발할 것인지 미리 고민해놓지 않으면 소중한 시간을 이룬 것 없이 보내야만 한다. 지금도 '그때 덜 자고 덜 쉬었더라면'이라는 생각이 가끔 들곤 한다.

제21화
직관 없는 프런트 생활

어느 날 야구 경기도 농구 경기도 현장에서 직접 보지 않는 나를 발견했다. 애써 마주하고 싶지 않았거나 무시하고 싶었던 나의 모습이었는데, 어느 날 갑자기 낯선 나의 모습이 훅 치고 들어왔다. 프런트가 되기 전만 하더라도 어떤 핑계를 대서라도 퇴근 후에 경기장으로 출근하던 나였는데, 왜 지금의 나는 경기를 즐기지 못하고 오히려 멀리하고 있는지에 대한 답을 찾기 위해 그날부터 고민하기 시작했다. 그렇게 2년 만에 다시 큰 슬럼프가 찾아왔다.

고민 끝에 얻은 이유는 두 가지였다. 첫 번째, 스포츠 경기가 더 이상 즐기는 취미가 아니라 일이 되었다. 일이 되는 순간부터 나도 모르게 그토록 좋아했던 스포츠와는 점점 멀어지고 있음을 나는 몰랐다. 일은 반드시 스트레스를 동반하는데, 나에게는 일이 스포츠였기 때문에 스포츠가 나에게는 스트레스였다. 자연스럽게 스트레스를 주는 스포츠를 멀리하려고 했던 것은 살아남기 위한 본능적인 선택이었을 것이다. 두 번째, 지난번 슬럼프처럼 일이 지루하고 재미가 없었다. 그냥 타성에 젖어서 익숙한 일을 반복적으로 하고, 그런 생활이 익숙해서 더는 현장에서 경기를 관람할 만큼의 열정이 나에게 조금도 남아있지 않았다. 구단의 모든 일이 예측 가능한 범위에 있었다. 무얼 해도 그게 그거 같았고, 아무리 다르다고 해도 내 눈에는 모두 똑같아 보였다. 새로운 자극이 필요한 시점이었는데 그런 자극이 없었다. 새로운 상황과 위기를 극복하면서 성장하고 성취감을 느껴야 하는데 그럴만한 어떠한 이슈도 발생하지 않았다.

그만큼 무기력했던 나는 내가 예전만큼의 열정이 없는 프런트라는 것을 인정하고 받아들였다. 2년 전처럼 구단 내부에서 해결방법을 찾아보려고 했지만, 그때만큼 구단이나 프런트라는 타이틀이 그렇게 간절하게 느껴지지 않았다. 그래서 나는 이때부터 본격적으로 외부 헤드헌터들의 포지션 제의에 적극적으로 응했다. 안에서 답을 찾을 수가 없으니 이제는 밖에서 찾아야 할 때라는 생각이 들었기 때문이다. 직감적으로 프로구단을 떠나야 할 때가 되었음을 알았다.

제22화
떠나야 할 타이밍

  희한하게도 내가 슬럼프에 빠질 때마다 헤드헌터들은 귀신같이 알고 달콤한 제안을 해왔다. 이때도 이직하겠다는 마음을 먹자마자 적지 않은 제안들이 들어오기 시작했다. 다만 예전과는 달라진 것은 다양한 산업의 마케팅 포지션이 아닌 스포츠 산업에 국한된 포지션들 위주로 제의가 들어왔다. 연차가 대리 말쯤이 되니 '커리어가 스포츠 쪽으로 확실히 굳어지는구나'라는 느낌을 받았다.

  막연하게 구단을 떠나서 다음 커리어를 이어가야 한다면 스포츠 브랜드였으면 좋겠다고 생각했다. 구단이 스폰을 받는 입장이라면, 스포츠 브랜드에서 스폰을 해주는 입장에서 스포츠 마케팅을 경험해보고 싶은 니즈가 있었다. 몇 개 브랜드와 이야기를 나누고 최종적으로 한 브랜드와 잘 협의가 돼가고 있었다. 10km 러닝 이벤트로 시장에서 한창 잘나가던 브랜드였고, 브랜드의 헤리티지나 이미지도 좋았기 때문에 그곳에서라면 다시 즐겁게 일할 수 있으리라 생각했다. 그렇게 마음을 굳혀가는 중에 한 헤드헌터 대표님이 나에게 새로운 포지션 제안할 게 있다며 사무실 앞으로 직접 오겠다는 연락을 해왔다. 그전까지 연락을 주고받던 헤드헌터 중에 사무실로 직접 찾아와서 포지션 제안을 한 경우가 없었기 때문에 그분의 성의와 적극성에 놀라서 한 번 만나고 싶었다. 약속을 정하고 구단 앞에 있는 패스트푸드 매장에서 만났고, 그 대표님은 나의 커리어에 대한 장단점과 앞으로 어떻게 커리어 관리를 해나가면 좋은지에 대해 내공 있는 방향성을 제안해주었다. 알고 보니 그 대표님은 스포츠 마케팅 1세대로 알만한 기업에서 국내외 다양한 행사를 담당했던 이력을 가지고 계셨다.

대표님이 나에게 제안한 포지션은 데상트코리아 스포츠 마케터였다. 데상트라는 브랜드는 당시 LG 트윈스의 스폰서였기 때문에 알고 있기는 했지만, 정확히 어떤 브랜드인지는 사실 잘 몰랐다. 내 머릿속에 스포츠 브랜드라고 하면 나이키, 아디다스, 뉴발란스 정도만이 자리 잡고 있었다. 그 자리에서 나는 지금 다른 브랜드로 가려고 마음을 먹고 있음을 말씀드렸는데, 대표님은 앞으로의 브랜드 성장 가능성에 대해서 고민해보라는 진심 어린 조언과 더불어 관련 자료들을 주시고는 조금만 더 고민해보고 연락을 달라고 하셨다. 집에 와서 데상트코리아에 대한 정보를 수집하고 내린 결론은 이곳에서 내가 할 수 있는 것들이 훨씬 많겠다는 것이었다. 그렇게 일사천리로 인터뷰까지 마치고 나는 스포츠 브랜드에서 스포츠 마케터로서의 커리어 2막을 시작하기로 했다.

구단에 사직 의사를 밝히자 대체로 두 가지 반응이었다. 한쪽은 남들은 못 들어와서 안달인 프런트를 왜 그만두려 하냐는 것과 다른 쪽은 그런 용기를 낸 내가 부럽다는 것이었다. 지금도 그렇지만 당시에도 프로스포츠구단 프런트는 업계에서 모두가 한 번쯤은 일해보고 싶어 하는 꿈의 직장이기 때문에 나의 결정을 이해하지 못하는 사람들이 더 많았다. 심지어는 내 주변의 가족과 친구들조차도 그랬으니까. 그럼에도 나는 열정을 가지고 즐겁게 할 수 있는 일을 해야 한다는 나의 신념에 따라서 그렇게 구단 프런트로서의 커리어를 마감했다.

후반전

브랜드 이야기

제23화
브랜드 스포츠 마케터

    스포츠 브랜드에서 새로운 일들을 시작하면서 내 마음속에는 설렘과 두려움이 공존했다. 모처럼 열정을 가지고 재미있게 일을 할 수 있는 환경이 되었다는 설렘과 구단이라는 다소 폐쇄적인 조직에서 스포츠 마케팅을 해 온 것과는 전혀 다른 환경에서 스포츠 마케팅을 할 수 있겠냐는 두려움이 그것이었다. 그래도 이 회사는 당시 매년 타의 추종을 불허하는 놀라운 성장세로 대한민국 스포츠 브랜드의 역사를 다시 쓰고 있었다. 나는 달리는 말에 올라탔다는 묘한 기대감과 자부심으로 그런 두려움을 눌렀다. 특히, 당시에 회사는 6개의 스포츠 브랜드와 골프 브랜드를 함께 전개하고 있었는데, 모든 브랜드가 매년 함께 눈부신 속도로 성장하고 있는 모습이 놀라웠다. 브랜드가 성장하면 할수록 스포츠 마케팅 예산이 늘어나고, 늘어난 예산만큼 다양 선수후원과 대회 등을 해볼 수 있겠다는 기대감으로 가득했다.

입사 전 언론을 통해서 접했던 브랜드의 모습은 당시에 놀라운 성장에 맞춰 직원들에게 다양한 복지와 인센티브를 주는 등 수평적이고 많은 기회의 스펙트럼을 가진 회사로 보였다. 물론, 들어가서 직접 경험한 것과는 많은 차이가 있었지만, 당시에는 평균연령 30세 이하의 젊은 구성원들과 성장하는 기업에서 일할 수 있다는 것 자체가 신선함 그 자체였다. 입사하고 얼마 되지 않아 개인적으로 놀라운 경험을 했는데, 직급별로 인센티브를 많이 받는 TOP3 직원을 익명으로 공지한 것이다. 그 옛날 중·고등학교 때 1등부터 꼴등까지 성적을 칠판에 붙여 놓았던 것처럼, 민감할 수 있는 인센티브 정보를 당당히 공개하는 회사가 너무나 이상하면서도 대단하다는 생각이 들었다. 물론, 그 이후로 조직이 커지면서 이 같은 일은 더 볼 수가 없게 되었다. 당시에는 상하반기 나눠서 인센티브를 두 차례 지급했는데, 하반기 인센티브 상위 랭커를 게시판에 공지하는 것 자체도 놀라웠지만, 그들이 받는 인센티브의 금액이 어마어마했다. 정확한 금액은 생각은 안 나지만 분명한 것은 사원급에서 제일 많이 받는 직원이 본인 연봉만큼의 인센티브를 받았던 거 같고 인센티브포함해서 억대 연봉을 넘긴 거로 기억이 난다.

구단 프런트로 있는 동안에는 야구단과 농구단 성적이 늘 좋지 않아서 인센티브로 받아봤자 100~200만 원 정도가 고작이었는데, 여기서는 몇천은 가볍게 받아 가는 보상체계와 조직문화에 꽤 큰 충격을 받았다. 성과에 따른 확실한 보상이 뒤따르는 이곳에서 나도 제대로 무언가 해봐야겠다는 다짐을 했었다. 이런 생각들이 얼마나 허황된 꿈이었는지 깨닫는 데 오래 걸리지 않았지만, 그럼에도 새로운 업무환경과 문화는 나에게 새로운 자극제로써 충분한 역할을 했다고 생각한다. 나는 대리 말년 차 스포츠 마케터로 잘 나가는 스포츠 브랜드에서 제2의 커리어를 시작하게 되었다.

제24화
구단과 다른 조직문화

    스포츠 브랜드의 조직문화는 프로구단과는 180도 달랐다. 나는 그런 조직문화가 낯설고 어색해서 티는 안 냈지만, 한동안 적응하느라 꽤 애를 먹었다. 스포츠 브랜드를 그만두고 나오는 날까지도 이해하지 못했던 것들도 있을 만큼 내 기준에서 대단히 진보적이고 파격적인 조직문화를 가지고 있었다.

    입사 첫날, 나는 당연히 정장에 넥타이를 매고 출근했다. 첫 출근한 날, 나는 인사팀 담당자와 각 부서를 돌아다니면서 유관부서 팀장과 팀원들을 만나 인사를 나누었는데 모두 왜 정장 입고 왔냐며 여기는 그런 회사가 아니라며 희한한 눈빛으로 나를 바라봤다. 나는 처음 대면하는 자리인 만큼 좋은 인상을 주겠다고 나름 차려입고 온 건데, 그 들은 이런 나의 모습을 오히려 낯설어했다. 그도 그럴 것이 모두 자유롭게 티셔츠에 반바지 그리고 조리나 슬리퍼를 신고 다니는 직원들도 있었기에 어쩌면 그들이

보기에 나는 다른 별에서 온 사람처럼 보였을 수도 있겠다는 생각을 나중에 하게 됐다.

기존에 내 머릿속에 입력된 회사생활의 프레임과 에티켓이 모두 리셋 되어야만 했다. 사실 그렇게 눈에 보이는 자유로움 문화는 금방 적응이 되었다. 내가 마지막까지 적응하지 못하고 눈에 거슬렸던 것은, 자유로움이라는 조직문화 위에서 예의라는 줄을 아슬아슬하게 타는 후배들의 모습이었다. 이런 내 생각이 꼰대라고 해도 나는 기본적인 예의를 매우 중요시하기 때문에 양보할 수 없는 부분들이었다. 사소하게는 팀장님과 대화 중에 껌을 씹거나, 보고를 들어가는데 슬리퍼를 신고 간다거나 하는 아주 작고 사소한 것들부터 크게는 직급을 떠나서 언쟁을 붉히며 사원과 부장이 싸우는 모습들까지 이해할 수 없는 일들이 너무 비일비재하게 일어났다. 그렇다고 그런 이슈들이 제기되더라도 회사에서는 특별히 방법을 강구하지도 않았고 심각하게 받아들여지지 않았다. 그런 논쟁이나 태도는 일을 잘하기 위하는 과정이라고 생각했고, 결과만 좋을 수 있다면 이런 소소한 것들은 용서되고 덮어지는 회사의 방향성이 그런 부분들을 계속 키워나가고 있다는 생각이 들었다.

신입사원은 사회생활 경험이 없으니 그런 조직문화가 당연하고 일반적인 것으로 오해하기 딱 좋았다. 반대로 나처럼 전 직장에서 다른 조직문화를 경험한 경력사원에게는 일하는데 거슬릴 수 있는 부분들이 꽤 많았다. 열두 명 정도 되는 스포츠 마케팅 팀 내에서 팀장을 제외하고 두 번째로 연차가 높은 선배이기도 했던 나는, 최소한 우리 팀 후배들에게만큼은 그런 예의와 에티켓을 꼭 지킬 수 있도록 자주 이야기했다. 스포츠 브랜드에서 스포츠 마케터를 꿈꾸는 후배들이 있다면, 회사가 주는 자유로운 문화 속에서도 꼭 기본적인 예의와 에티켓을 갖추길 권한다. 그런 것들이 몸에 배어 있어야 나중에 스포츠 필드에서 만나는 여러 사람과의 관계에서 인정받을 수 있다. 습관은 나도 모르는 순간 튀어나오게 되어있다. 스포츠 산업은 상대적으로 권위적이고 보수적이고 수직적인 성향이 강하다. 그래도 스포츠 마케터는 그런 겸손한 태도를 반드시 갖추고 있어야 한다. 어쩌면 이것이 스포츠 마케터 평판의 출발점일지도 모른다.

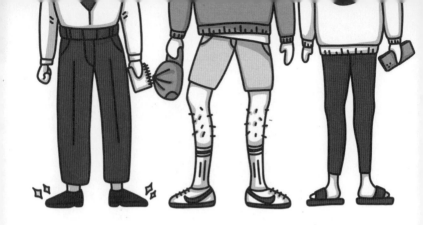

제25화
멀티 플레이어

구단에서는 한 종목만 깊이 있게 파고들면 되는데, 브랜드에서는 담당하는 종목이 3~4개 정도가 되다 보니 깊이보다는 빠르게 쳐낼 수 있는 멀티플레이어가 되는 것이 중요하다. 말이 좋아 멀티플레이어지 그냥 잠시만 한눈팔아도 각각의 종목에서 사고가 펑펑 터지다 보니 늘 일에 쫓겨 쳐내기 바쁜 게 현실이다. 구단은 비시즌이라도 있지만, 스포츠 브랜드는 동계와 하계의 모든 종목을 후원하다 보니 일 년 365일이 시즌이다. 여러 종목이 일 년 내내 계속 이슈들이 있다 보니 그에 맞춰서 스포츠 마케팅팀이 해야 하는 일들이 끊임없다. 그래서 늘 바쁘고 여유가 없다.

스포츠 마케팅팀 선임은 후배 1~2명이 짝을 이뤄서 보통 여러 종목을 담당하는데, 보통 출근해서 해야 하는 주요 일들을 한번 나열해보면 대충 이렇다.

첫 번째로 가장 많은 물리적인 시간이 필요한 업무가 담당 선수(팀)에게 지급해야 하는 제품(의류/용품/신발)을 출고시키는 일이다. 3~4개 종목에서 담당해야 하는 개인 선수와 팀이 10개 이상은 기본적으로 되는데, 그들에게 필요한 제품을 시즌별로, 경기별로, 이슈별로 제때 보내줘야 하는 일이 그것이다. 언뜻 생각하기에 있는 제품 보내주는 것이 뭐가 어렵냐고 생각할 수도 있지만, 무조건 선수가 원하는 제품을 줘서도 안 되고 회사에서 선수를 통해서 보여주고 싶은 이미지를 고려해서 가장 최적화된 제품을 관련 부서와 상의해서 내보내야 한다. 선수에게 보내줄 제품협의가 끝나고 MD를 통해서 제품출고를 요청하면 적게는 몇 개에서 많게는 수백 개의 제품들이 담당자 앞으로 수일에 걸쳐서 배송된다. 그럼 담당자는 해당 제품이 제대로 왔는지 일일이 확인해서 다시 선수나 팀 앞으로 제품을 보내게 된다. 여기서 물류창고나 매장에서 제품을 선수나 팀에게 직접 보내면 안 되냐고 반문할 수 있을 것이다. 하지만 그렇게 하지 못하는 복잡한 이유가 다수 존재한다. 스포츠 브랜드마다 제품 출고시스템이 다를 수 있지만 어찌됐던 담당자의 손을 거쳐서 확인된 제품이 나가는 것이 가장 이상적이고 안정적이다. 이렇게 하루에 쳐내야 하는 제품들만 처리해도 3~4시간은 족히 잡아먹는 게 현실이다. 굳이 좋게 이야기해보면 잘 나가는 스포츠 브랜드 회사이기 때문에 담당하는 선수나 팀들이 많기 때문이기도 하다.

두 번째는 담당하는 종목의 이벤트나 프로모션을 준비해야 한다. 보통 종목별로 이미 수립된 이벤트나 프로모션이 존재한다. 그것들을 진행하기 위해서 기획안과 실행안을 만들고 외부에서 관련된 파트너들과 수시로 미팅해야 한다. 1~2주 사이에 끝나는 작은 프로모션부터 길게는 6개월 이상 걸리는 큰 이벤트까지 다양하기 때문에 일 년 내내 이벤트를 준비하고 실행해야 한다. 이벤트 자체는 당일 하루에 끝날지 모르지만, 그 하루가 완벽하게 마무리될 수 있게 하는 것은 얼마나 오랜 시간 치열하게 준비하느냐에 달려있다. 이벤트나 프로모션을 하는 데는 분명 목적이 있다. 단순히 화려하고 규모가 크다고 성공하는 것이 아니라 그 목적에 부합하는 결과를 도출했는지가 더 중요하기에 다방면에서 꼼꼼하게 준비해야 한다.

세 번째는 담당하는 선수나 팀의 경기를 현장에 가서 모니터링해야 한다. 스포츠 브랜드에서 가장 중요한 것 중의 하나가 모니터링이다. 지급된 제품을 선수들이 얼마나 잘 착용하고 있는지를 관리, 감독해야 하는 일이다. 선수들을 통해서 노출되는 제품과 브랜드가 그들을 후원하는 가장 큰 이유 중의 하나이기 때문이다. 선수들이 후원받는 제품을 당연히 잘 입을 거로 생각할 수도 있지만, 현실은 전혀 그렇지 않다. 불시에 현장에 가서 점검하면 경쟁사 제품을 입고 있는 경우가 허다하다. 그래서 전국에서 열리는 경기장에 가서 직접 눈으로 보고 사진 찍고 자료를 모아야 한다. 경기가 주중에 열리는 경우보다 주말에 열리는 경우가 많다 보니 주말에도 출장이 많을 수밖에 없다. 향후에 재계약을 협의하거나 불미스러운 일이 발생했을 때를 대비한 최소한의 근거자료를 만드는 셈이다.

네 번째는 전략과 예산을 수립하는 일이다. 스포츠 브랜드는 전략을 1년 전부터 준비한다. 1년 전부터 준비하다 보니 전략 파일이 ver.10을 넘어가기도 한다. 산업 자체가 워낙 빠르게 변하고 경쟁도 치열하다 보니, 거듭되는 수정이 있더라도 최대한 일찍 준비하는 경향이 있다. 그래서 일 년 내내 전략자료를 만들고 공유하고 수정해야 하는 일을 반복하게 된다. 말이 쉬워 전략이지 전략 하나를 짜려면 시장조사부터 브레인스토밍까지 해야 할 일들이 많다. 그리고 매달마다 정해진 예산을 잘 집행하고 있는지 자료를 만들어 보고해야 한다. 계획보다 적게 쓰든 많이 쓰든 그 사유를 찾아서 보고해야 한다. 아무래도 스포츠 마케팅팀에 할당된 예산이 어마어마하기 때문에 다소 빡빡하게 느껴질 정도로 예산관리가 되고 있다. 그래서 마케팅 담당자는 회계팀에 자주 불려 다니게 된다. 열심히 일하고도 회계팀에 불려가서 예산과 관련된 추궁을 받을 때면 죄인이라도 된 기분이다. 많이 쓰면 많이 쓴 대로 적게 쓰면 적게 쓴 대로 계속 소명해야 한다.

내가 스포츠 브랜드에 들어오기 위해 인터뷰를 할 때 면접관으로 들어온 임원과 팀장은 주어진 일을 빠르게 쳐낼 수 있어야 한다고 주문했다. 그렇지 않으면 일들이 쌓여서 시의적절한 타이밍을 놓치게 되는 악순환이 반복될 수밖에 없다고 말이다.

제26화
고질적인 야근문화

    스포츠 마케팅팀은 물리적으로 시간을 투자해야 하는 일들이 많다 보니 야근이 많을 수밖에 없다. 나는 참고로 야근을 지양하는 사람이다. 되도록 정해진 시간 안에 일을 마무리하고 가려고 노력하고 실제로도 야근하는 경우는 상대적으로 많지 않다. 입사하고 며칠 팀 분위기를 지켜보니 6시가 되어도 우리 팀에서 자리에서 일어나 퇴근하는 사람이 단 한 명도 없었다. 다들 퇴근 시간을 잊기라도 한 것처럼 모두 모니터를 보면서 키보드를 만지고 있거나, 아니면 창고에서 선수들에게 지급될 제품 박스를 까거나 포장하는 일을 하는 게 다반사였다. 처음에는 다들 야근이 습관이 되어있나 보다 생각했지만, 가만히 업무 패턴을 보니 개인의 문제가 아니라 그냥 일들이 많은 것이었다. 팀장님이 6~7시 사이에 퇴근하면, 그제야 다 같이 저녁 식사를 하러 나가고 7~8시 사이에 복귀해서 본격적인 야근을 하는 게 일상이 되어 있었다. 보통 가정이 있는 파트별 사수는 9시~10시 전후로 보통 퇴근을 하고, 후배들은 자정을 넘겨 일하는 경우가 비일비재했다. 그런데도 늘 밝은 모습으로 일하던 후배들이 고맙기도 하고 안쓰럽기도 했다.

> *(후배) "과장님, 저녁 식사 뭐로 하시겠습니까?"*
> *(나) "또 야근이야? 급한 거 아니면 집에 가지 그래?"*
> *(후배) "괜찮습니다. 아직 할 거 많이 남아서 빨리 밥 먹고 와서 마무리하고 가는 게 편합니다."*
> *(나) "진짜 그런 거면 어쩔 수 없지만, 되도록 야근은 하지 말자."*

나는 그런 비효율적인 야근과 업무 프로세스를 바꿔보고자 후배들의 애로사항을 들어서 관련 부서와 협의하기도 했다. 익숙한 업무 프로세스를 바꾸는 데는 관련 부서들의 협조가 필요했는데, 하지만 그들로서는 굳이 바꿔야 할 필요성을 못 느꼈기 때문에 설득하기가 쉽지는 않았다. 그들과 싸우기도 하고 달래기도 해봤지만 결국 프로세스를 바꾸는 데 실패했다. 나는 출근을 손가락에 꼽을 정도로 일찍 하는 편이어서, 아침에 사무실에 출근하면 가끔 책상에 엎드려 자고 있는 후배들을 볼 때가 있다.

그 후배는 어제 결국 집에 가지 못하고 일하다가 책상에서 엎드려 잠시 눈을 붙이고 있는 것이다. 집에 갔다 오는 시간을 아껴서 그날 쳐내야 하는 일들을 마무리해서 다음 날 일이 쌓이지 않도록 만들기 위한 생존전략이었다. 그만큼 당시에는 살인적으로 업무량이 많았다.

지금은 시스템적으로 그렇고 제도적으로도 많이 정비되어 야근이 많지는 않은 것 같다. 그럼에도 여전히 기본적인 업무량은 상당할 것이다. 스포츠 브랜드마다 편차가 크기 때문에 나의 경험이 일반적이라고 말할 수는 없다. 그렇지만, 분명히 이렇게 한계까지 몰아붙일 만큼의 업무량이 있는 스포츠 브랜드도 있을 수 있다는 것을 참고하면 좋겠다. 당시의 이런 살인적인 업무량이 많은 후배가 스포츠 브랜드에 학을 떼고 그만둔 큰 이유 중의 하나일 것이다. 내가 스포츠 마케터가 되어서 이런 상황에 놓였을 때 과연 감내하고 버텨낼 수 있느냐는 문제에 대해서 스스로 답을 해보자.

제27화
팀의 자존감

  스포츠 브랜드 내에서 스포츠 마케팅팀의 가치에 대한 평가는 내부와 외부에서 극명하게 달라진다. 회사가 바라보는 스포츠 마케팅팀에 대한 기대와 가치는 생각보다 높지 않다. 반면에 외부에서 스포츠 마케팅팀을 바라보는 시각은 정반대로, 회사를 대표하는 팀이자 핵심가치를 가진 팀이라고 평가받는다. 왜 이렇게 전혀 다른 평가가 나오는 것일까. 나를 포함해서 스포츠 마케팅팀 선후배 모두가 이런 내외부의 다른 평가를 알고 있고, 그에 따른 괴리감을 매우 크게 가지고 있었다. 조금 더 직설적으로 말하면, 스포츠 브랜드에서 스포츠 마케팅팀의 가치와 그에 따른 결과에 대해 잘 인정하지 않는다. 그래서 늘 팀장 이하 막내까지 동기부여를 금세 잃어버리고 방황하는 경우가 너무나도 많았다. 나는 스포츠 브랜드라면 최소한 스포츠에 대한 진정성과 그에 따른 결과를 인정하고 공유해야 한다고 생각한다. 하지만,

회사의 시각에서 스포츠 마케팅팀은 단순히 스포츠 브랜드라는 타이틀을 유지하기 위한 수단으로 치부하고 있다는 생각을 많이 했다. 아마 대다수의 스포츠 브랜드가 이러한 문제를 가지고 있을 것이다.

단적인 예로, 스포츠 마케팅팀에서 후원하는 선수나 팀이 좋은 경기 결과를 이뤄서 회사 내부에 이런 내용을 공유하더라도 관심 있는 사람이 별로 없었다. 스포츠 브랜드에서 후원하고 있는 선수나 팀이 우승하고 이런 결과를 통해서 브랜드의 제고를 이뤄낸다면, 이보다 더 훌륭하고 진정성 있는 마케팅 퍼포먼스가 어디 있겠는가. 하지만 회사도 동료들도 잘 인정하지 않거나 무관심하다 보니, 팀 내부적으로도 사기가 많이 떨어지고 동기부여를 찾는 것이 힘들었다. 좋은 옷을 기획하고 디자인하고 생산해서 판매하는 일이 중요하지 마케팅이 중요하다고 잘 생각하지 않는 것이다. 마케팅에 대한 중요성을 인식하고 있다 하더라도 마케팅은 현장 중심의 스포츠 마케팅팀이 아닌 TVC 같은 비주얼로 퍼포먼스를 내는 광고팀에 공이 돌아가는 경우가 많다.

광고나 홍보는 단기적인 임팩트가 강하기 때문에 그 효과가 매출과 직접 연계되지만, 반대로 스포츠 마케팅은 장기적으로 스포츠의 진정성을 만들어 가는 과정으로 그 효과검증 또한 어렵기 때문에 일어나는 일이다. 매주 업무를 공유하는 주간 회의 자리에서 이러한 상황을 반복적으로 경험하게 된다. 스포츠 마케팅팀이 공유하는 후원하는 팀 또는 선수의 한 주간의 눈에 띄는 성적과 브랜드 노출과 효과 등에 대해서 공유하면 그 자리에 있는 모두가 심드렁하다. 사실 매주 비슷해 보이는 이러한 자료들이 지루할 수도 있지만, 그래도 스포츠 브랜드에서 최소한 특정 종목의 담당자라면 우리가 후원하는 선수가 우리 옷을 입고 어떠한 결과들을 내고 있는지 정도는 알고 있어야 하지 않겠냐는 생각을 수백 번도 더 했다.

2015년 프리미어12라는 WBC처럼 4년에 한번 열리는 국가대항전 야구대회가 새롭게 생겼다. 어렵게 경쟁사들을 제치고 그 대회에 출전하는 국가대표팀을 후원하게 되었는데, 첫 대회인 만큼 준비하는 과정에서 많은 어려움이 있었다. 협회와의 소통, 선수의 제품니즈 파악 등 어느 것 하나 한 번에 풀리는 일이 없을 정도로 쉽지 않은 일이었다. 후배를 열흘 넘게 경기가 열리는 대만과 일본에 붙박이 출장까지 보내면서 큰 문제 생기지 않도록 지원했는데, 다행히 그 대회에서 우리나라가 우승했다. 첫 대회에서 우승은 다른 어떤 대회와 비교해도 그 가치가 조금은 남다르다. 관련된 소식을 빠르게 사내 게시판과 주간 회의를 통해서 공유했는데, 정말 누구 하나도 스포츠 마케팅팀에 와서 수고했다고 이야기하는 사람이 없었다. 그냥 나와 후배 둘이서 첫 대회 유니폼에 선수들의 사인을 받아서 간직하는 정도로 그간의 노고를 서로 격려하며 조촐하게 마무리한 기억이 있다.

꼭 누군가가 알아주기를 바라서 일을 하는 것은 아니었지만, 반복되는 무관심에도 쉽게 무뎌지지 않은 마음이 있는 것도 사실이었다. 이렇게 스포츠 브랜드임에도 정작 스포츠에 대한 관심과 이해가 부족하다 보니, 선수들이 원하는 기능들과는 동떨어진 초기 제품들이 나올 때도 종종 있었다. 물론 이런 초기 제품들을 테스트하고 더 나은 제품을 만들기 위해 선수들이 피드백이 필요하기 때문에 선수들을 후원하기도 하지만 그런 제품들을 가지고 선수들을 만나는 일 역시 스포츠 마케팅팀의 일이다. 그러다 보니 선수들의 컴플레인과 불만 사항은 고스란히 우리의 몫이 되었다. 이해할 수 없는 기능과 원단 그리고 내구성까지 이런 다양한 현장의 목소리를 접할 때마다 그 선수를 달래고 양해를 구하는 일 역시 쉽지 않았다. 그래서 스포츠 마케팅팀은 내부에서 항상 인정받지 못하는 것도 서러운데, 외부에서도 선수들에게 아쉬운 소리를 해야 입장이다 보니 어려움이 있었다.

어떻게든 이런 상황들을 바꿔 나가고자 노력했지만 사실 크게 바뀌는 것들이 없어서 항상 후배들에게 미안했다. 이런 상황에서 당연히 스포츠 마케팅팀은 매년 상대적으로 불리한 인사고과를 받곤 했고, 당연히 팀의 중요도와 맞물려 인센티브는 늘 다른 나라 이야기일 뿐이었다. 안팎으로 치이는 후배들을 다독이고 끌어가려던 나의 노력도 어느 순간부터는 인정하고 포기했던 부분들이 분명 있었다. 조직에서 자존감이 떨어지면 의욕이 저하되고 자연스럽게 능률이 꺾일 수밖에 없다. 스포츠 브랜드마케터의 현실은 그렇게 멋지지도 대단하지도 않다. 오히려 안타깝고 아쉬운 것들이 많다. 분명 밖에서 보는 모습과는 또 다른 현실을 마주해야 함을 인정하게 될 것이다.

제28화
모든 답은 현장에

 스포츠 마케팅팀의 팀장이 되고 나서 이렇게 바닥끝까지 떨어져 있는 팀원들의 사기를 북돋우려고 내가 할 수 있는 것들은 최소한 후배들이 하고 싶은 일들을 스스로 즐겁게 할 수 있는 환경을 만들어 주는 것이라고 생각했다. 시켜서 하는 일이 아닌, 본인이 잘하고 관심 있는 일들을 찾아서 할 수 있는 환경을 만들어 주고 그 과정에서 성취감과 동기부여를 찾게 해주고 싶었다. 스포츠의 모든 답과 정보는 현장에 가야지 구할 수 있다. 책상에 앉아서 찾아낸 정보는 남들이 다 아는 정보일 확률이 높으며, 그런 정보의 가치는 당연히 떨어질 수밖에 없다. 그래서 나는 기회를 찾기 위해서는 늘 현장에 나가야 한다고 믿는 편이다.

 골프 브랜드를 담당할 때, 선수들의 재계약 시즌이 돌아왔다. 3개의 골프 브랜드를 가지고 있다 보니 매 시즌 후원해야 하는 선수의 규모가 작지 않았다. 수많은 신생 골프 브랜드들이 전투적으로 생겨나고 있었기 때문에 소위 좋은 선수들은 더욱더 후원하기는 더욱 힘든 상황이었다. 선수를 후원하기 위해서는 크게 두 가지를 파악해야 하는데 계약에 영향력을 행사하는 키맨과 선수의 니즈다. 골프의 경우 대다수가 부모의 영향력이 절대적인데, 부모님들은 재계약 시즌이 되면 말을 아끼고 몸을 사리느라 전화 연결이 쉽지 않았다. 이런 경우 해당 선수가 출전하는 대회에 나가서 갤러리인 척하며 갤러리들 사이에서 선수의 부모를 찾아야 하는 숨바꼭질도 마다하지 않았다. 부모님과 잠시 이야기 나눌 기회를 포착해서 대화를 시도하더라도, 한두 번 만나서는 원하는 조건을 쉽게 말하지 않기 때문에 어느 정도의 인내와 지구력이 필요한 일이기도 하다. 이렇게 한 선수를 두고 다양한 브랜드와 에이전시들이 골프장에서 마주치다 보면 어떨 때는 서로 가지고 있는 정보들을 교환하기도 하는데, 이 정보가 사실 선수의 몸값이나 계약 기간 등을 파악하는데 핵심 정보가 된다. 그래서 현장에서 수집한 살아있는 정보를 많이 가지고 있는 스포츠 마케터가 다양한 채널과 교류를 할 수 있으며, 그 정보의 숫자는 은행의 복리 마법처럼 계속 불어나게 되는 구조다. 이렇게 살아있는 정보나 누구나 알고 싶어 하는 정보는 현장에서 이해관계자들 사이에서 소리소문없이 돈다. 그 현장에 없다면 나는 철저하게 그 정보로부터 배제되고, 원하는 계약이나 결과를 끌어낼 수 없다.

그래서 나는 팀장이 된 이후로 팀 내부적으로 [오전 내근, 오후 외근]이라는 공동의 목표를 만들고, 되도록 오후에는 외근을 나가서 스포츠 현장에 갈 수 있는 환경을 만들려고 노력했다. 외근은 팀장 전결이었기 때문에 내가 승인만 하면 팀원들은 언제라도 외근을 나갈 수 있었다. 오히려 책상에 앉아 있으면 내가 나서서 나가라고 할 정도로 적극적으로 스포츠 현장으로 나갈 기회를 주었다. 회사 내부에서는 비록 크게 인정받지 못하는 팀이었지만, 최소한 현장으로 나가면 스포츠 마케터로서의 자존감을 확인할 수 있기 때문이었다. 철저하게 본인의 스케줄은 본인이 설정하고 관리할 수 있게 하되, 나의 요구사항은 딱 한 가지였다. 나가서 놀든지 퇴근을 하든지 아무 상관하지 않을 테니 사고만 치지 말라고 했다. 사고만 치지 않는다면 내부든 외부든 어떤 이슈가 발생하더라도 나는 다 막아줄 자신이 있었다.

또 내가 갈 수 있는 해외 출장도 팀원들에게 기회를 넘겼다. 기획팀, 디자인팀은 일 년에 수차례 시장조사를 목적으로 해외 출장을 나가는데, 정작 우리에게는 그런 기회가 많지 않다 보니 역시 아쉬운 부분이 있었다. 직장생활에서 해외 출장은 큰 동기부여가 되는 당근이다. 나도 출장 복이 너무 없었지만, 그나마 있는 출장도 팀원들이 갈 수 있도록 해야만 했다. 그래야 그 기회를 통해서 복잡한 마음을 리프레시하고 돌아온 팀원들과 스포츠 마케팅팀을 끌어갈 수 있다고 생각했기 때문이다. 나의 이런 팀 운영 방침이 효과적이지 않다는 다른 팀장들의 지적도 있었지만, 우리는 함께 하는 동안 효과적으로 서로 책임감을 가지고 무너지지 않고 재미있게 계속 달렸다. 지금도 그때 나를 믿고 따라와 준 팀원들에게 큰 고마운 마음을 가지고 있다.

제29화
스포츠 마케터의 융통성

브랜드에서 스포츠 마케팅이 단순히 마케팅만 하면 된다고 생각한다면 큰 오산이다. 회사와 선수를 잇는 가교역할을 해야 하는 것 역시 스포츠 마케터의 몫이다. 회사의 월급을 받는 직원이지만 일방적으로 회사의 입장만을 주장해서는 안 된다. 회사가 바라는 것과 선수가 바라는 것을 정확하게 파악하고 합리적인 대안을 제시해야 하는 조율자의 역할을 해야 한다. 회사는 당연히 선수를 후원하고 더 큰 효과를 끌어내기 위해 최대한 많은 사항을 요구할 것이다. 하지만 이런 경우 선수들은 강한 저항감과 불신을 나타내는 게 일반적인 패턴이다. 스폰서십은 갑과 을의 관계가 아니라 서로 윈-윈 하기 위한 전략적 파트너십이기 때문이다. 물론 강하게 밀어붙여야 할 때는 그래야 하지만 특별한 경우가 아니라면 중간에서 적절한 태도를 유지하는 것이 중요하다.

한 번은 후원하던 헬스트레이너 A가 연락이 와서 방송 출연 기회가 생겼는데, 방송 프로그램에 협찬 들어온 제품을 입어야만 하는 조건이라는 이야기를 전했다. 그 트레이너는 모처럼 찾아온 기회를 놓치고 싶지 않아서 최종 결정전에 후원받고 있는 브랜드 담당자인 내게 상의하려고 연락한 것이다. 계약서상에는 모든 미디어 노출 시에는 스폰서의 제품만을 착용하게 되어있었고 그렇지 않을 경우 계약 파기가 가능한 부분이었다. 하지만 결론적으로 트레이너 개인의 미래가 달린 문제일 수도 있고, 일시적으로 방송을 통해서 트레이너의 인지도가 높아지면 결과적으로 스폰서의 노출빈도 또한 높아질 거라 판단해서 허용해주었다. 그 뒤로 그 트레이너는 브랜드에 대한 고마움과 로열티를 가지고 끝까지 열심히 활동했다.

정반대의 경우도 있다. 마찬가지로 최정상급에 있던 B 트레이너 역시 오랫동안 후원을 받아왔는데, 어느 날 피트니스 관련 잡지를 모니터링하다가 경쟁사의 제품을 착용하고 화보를 찍은 걸 발견했다. 보통 후원받는 선수들이 특정 매체나 미디어에 노출될 때는 사전에 알려오는 게 보통인데, 나는 그런 내용을 전달받은 기억이 전혀 없었다. 바로 전화해서 경쟁사 브랜드를 착용하고 화보를 찍게 된 경위를 물었는데, 너무 당당하게 경쟁사 제품인지 몰랐다는 답변을 했다. B 트레이너는 누가 봐도 경쟁사인 제품을 카테고리가 다른 신생 브랜드인 줄 알았다는 상식 이하의 답변을 했고, 나는 너무 화가 나서 해당 건이 경쟁사든 신생 브랜드든 스폰서 브랜드를 착용하지 않은 것 자체가 문제라는 것을 강조하며 계약 파기까지 언급하며 강하게 밀어붙였다. 오랫동안 최정상급 트레이너의 자리를 지켜왔던 트레이너였고, 윗선과도 친분이 두터웠던 트레이너였지만 나는 아랑곳하지 않고 일부로라도 더 세게 밀어붙여 다시는 동일한 일이 벌어지지 않도록 하고 싶었다. 그 뒤로 B 트레이너는 나를 불편해하며 계약 기간 동안 성실하게 의무를 다했다. 이렇게 필요에 따라 전혀 다르게 스탠스를 취해야 할 때도 있다. 내가 만약 그 상황에서 정당한 회사의 권리를 주장하지 못하고 머뭇거리고 넘어갔다면, B 트레이너는 이후에도 같은 문제로 곤란하게 만들었을 게 뻔하다.

(나) "잘 지내시죠? 제가 매거진을 보다 보니 경쟁사 브랜드랑 화보를 찍으신 것 같더라고요."

(트레이너) "경쟁사 아니라고 들었는데요…. 다른 카테고리의 신생 브랜드 아닌가요?"

(나) "글로벌 브랜드의 제품을 신생 브랜드라고 말씀하시면 제가 어떻게 대답해야 할까요?"

(트레이너) "저는 촬영할 때 정말 그 제품인 줄 모르고 촬영했을 뿐이에요."

*(나) "아무리 말씀하셔도 상식을 벗어난 대답이라 제가
이해해드릴 수가 없을 것 같네요."*

*(트레이너) "그럼 어떻게 계약이라도 파기라도 하시겠다
는 말씀이세요?"*

*(나) "필요하면 그렇게라도 해야죠. 제가 계약서에 해당
부분 캡처해서 보내드릴게요."*

또 내부적으로 필요한 역할 중의 하나가 선수들에게 지급되는
제품이 만들어지는 관련된 프로세스를 알고 있어야 하고 그 과
정에 직접 참여해야 한다. 후원하는 선수와 팀의 니즈를 파악해
서 제품을 기획하고 디자인하는데 정보를 주어야 하며, 다양한
원단으로 샘플을 만드는 생산 공정을 거쳐 완제품이 나올 때까
지 주도면밀하게 요구사항들이 제대로 반영되고 있는지 점검해
야 한다. 그래서 회사 내부적으로 스포츠 마케터는 기획, 디자인,
생산, 영업, 물류, 회계 등 모든 업무를 파악하고 있어야만 한다.
또 다른 의미의 멀티 플레이어가 되어야만 하는 것이다. 입사 후
처음 참여한 제품 회의에서 생소한 용어와 약어들로 바보가 된
기분이었다. 원단이라고는 면과 나일론만 알고 있던 패션 무식
자였던 나는 그 이후에 꿔다놓은 보릿자루가 되지 않기 위해서
따로 시간을 내서 업계 용어들을 익혔다. 소재마다 특성이 각자

다르기 때문에 기본적인 배경지식을 가지고 있어야 그 소재로 만들어진 제품을 지급하는 선수들과의 미팅에서 어설프지 않을 수 있다. 통풍은 잘 되는지, 방수는 잘 되는지 또는 소재가 가볍거나 무거운지 등을 알고 있어야 한다. 이런 배경지식은 외부미팅에서 주도권을 잡고 이끌어 갈 수 있는 동시에 나를 전문가로 보이게끔 만드는 확실한 무기가 될 수 있다.

제30화
결국엔 예산이 문제

스포츠 브랜드에 입사해서 처음으로 다음 연도의 전략자료를 준비할 때였다. 팀장님이 내게 가이드라인을 주면서 했던 말 중에 아직도 기억나는 대목이 있다. 마케팅실 안에는 광고홍보팀과 스포츠 마케팅팀이 함께 있는데, 전략수립 기간 때마다 마케팅실에 편성되는 예산을 광고홍보팀과 스포츠 마케팅팀이 나눠서 사용하는 형태였다. 팀장님은 "냉정하게 마케팅실 안에서도 광고홍보팀과의 경쟁이고, 결국엔 예산을 누가 많이 확보하느냐의 싸움이다"라며 다양한 아이디어를 앞세워 치밀하게 전략자료를 준비하길 주문했다. 그도 그럴 것이 회사 내부적으로 굳이 중요도와 인지도를 따져보면, [마케팅 = 광고 홍보]라는 인식이 강했다. 당연히 시각적으로 보이는 효과와 즉각적인 매출 영향력을 고려하면 상대적으로 스포츠 마케팅보다 눈에 띌 수밖에 없는 구조다. 항상 상대적인 소외감을 가지고 있는 스포츠 마케팅팀은 언제나 광고홍보팀 보다 인정받기 위해 부단히 노력했다. 물론 언제나 승자는 광고홍보팀이었지만 말이다. 한 브랜드당 마케팅 비용이 책정되면 대략 3:7 내외로 예산이 나뉘는데, 당연히 7이 광고홍보팀의 몫이다.

그나마 3이 스포츠 마케팅팀의 예산이지만, 이 중에 상당 부분은 연간계약으로 선수와 팀들에게 지급되어야 하는 고정비용들이 있기 때문에 그것들을 지급하고 나면 실제로 가용할 수 있는 예산이 많지 않았다. 예를 들어서 마케팅실에 책정된 연간 예산이 100억이라고 가정하고 그중 많게 잡아 30억을 스포츠 마케팅에서 쓰기로 했다 치자. 30억 중에서 이미 다년 계약된 A 협회에 3억, B 야구단에 5억, C 선수에게 3억, D~F 선수들에게 8억 등 이런 식으로 계약금을 지급하고 나면 말이 좋아 30억이지 실제로는 스포츠 마케팅팀에서 연간에 운용할 수 있는 예산은 생각보다 얼마 없다고 봐야 한다.

반대로 광고홍보팀에 할당된 가상의 70억이라는 예산은 해당 연도에 새롭게 진행하는 마케팅 활동을 위한 예산이다. 새롭게 할 수 있는 것들이 상대적으로 스포츠 마케팅팀보다 많을 수밖에 없다. 그래서 늘 새로운 이벤트와 프로모션을 기획해서 전략을 통해서 신규예산을 따오려는 노력을 많이 했다. 예산을 많이 확보해야 다양한 마케팅 활동을 전개할 수 있고, 그 활동을 통해서 스포츠 마케팅팀의 존재감을 내부적으로 끌어올릴 수 있기 때문이다. 스포츠 마케팅팀에서는 진행하고 있는 활동을 최대한 빈도 높게 공유함으로써 가랑비에 옷 젖듯이 존재감을 부각하려는 노력을 계속해왔다. 그럼에도 현실적으로 스포츠 브랜드의 마케팅이라 하면 광고와 홍보라는 인식을 바꾸기는 쉽지 않다. 이 부분은 앞으로도 끊임없이 스포츠 마케팅팀에서 고민해야 할 과제가 분명하다.

제31화
스포츠에 관심 없는 담당자

브랜드에서는 후원하는 선수들에게 샘플 제품을 제공하고 테스트를 하곤 한다. 샘플 제품이긴 하지만 선수들의 요구사항이 반영된 최종점검 차원의 제품들이기 때문에, 미세한 수정사항을 빼고는 완제품과 거의 같다고 보면 된다. 하지만 가끔 샘플 제품을 들고 가서 선수들에게 탈탈 털리고 올 때가 있는데, 내가 봐도 이해할 수 없는 제품들이 나올 때가 그렇다. 당시에 후원하고 있던 프로야구단은 시즌 전에 오키나와에서 스프링캠프를 했는데, 그 시기에 맞춰 스포츠 마케팅 담당자가 시즌에 사용할 샘플 유니폼과 용품 등을 들고 연습장을 방문한다. 주로 고참급의 주요 선수들과 연습경기에서 제품테스트를 하고 수정사항에 대한 피드백을 받아서 유관부서에 전달한다.

한 번은 연습게임 전에 테스트용으로 지급한 긴 양말을 한 선수가 들고 와서 이런 양말을 신으라고 만든 거냐며 어이없다는 말투로 이야기를 꺼냈다. 뭐가 문제인지 살펴보니, 긴 양말임에도 제품에 탄성이 부족하다 보니 늘어나지 않고 무릎까지 올라와야 하는 제품이 종아리 절반밖에 올라오지 않는 것이었다. 그 자리에서 얼마나 민망하던지 부랴부랴 원단이 불량인 것 같다는 말로 마무리하고 나왔지만, 실제로는 야구 라인을 새로 맡은 기획팀 후배가 야구에 대한 지식이 없다 보니 생긴 해프닝이었다. 긴 양말이라고 하니 일반적으로 신는 양말이라고 이해한 모양이다. 더 정확하게 제품 스펙을 이야기하지 못한 우리에게도 잘못이 있겠지만, 그에 앞서 야구에 대한 기본적인 이해와 관심이 없는 담당자의 문제가 이런 해프닝을 만든 것이다. 해프닝이었지만 그냥 해프닝이라고 치부하기엔 브랜드에 너무 좋지 않은 인상을 줄 수 있는 일이기에 늘 이런 상황을 마주하면 조심스럽다.

또 한 번은 테니스 선수에게 지급된 샘플 경기복의 바지 주머니 위치와 깊이가 애매하게 되어 있어서 시합 중에 테니스공을 주머니에 넣을 수가 없다는 컴플레인을 받았다. 그때 그 선수는 의아해하면서 자신이 입고 있는 바지가 테니스 바지가 맞느냐고 수차례 물어봤는데, 마찬가지로 테니스를 쳐본 적이 없는 담당자가 제품을 기획하고 만들었기 때문에 벌어진 일이었다.

(선수) "이 바지 주머니가 좀 이상한데요?"

(나) "이상하다니 뭐가? 그거 SS 시즌에 주력상품으로 나올 바지라서 제일 좋은 건데."

(선수) "주머니에 테니스공을 넣어야 하는데, 주머니가 *짧아서* 공이 자꾸 빠져요."

(나) "뭐? 진짜 그러네. 주머니가 왜 이리 짧지… 미안. 내가 다시 확인해볼게."

브랜드에서 제품을 기획하고 생산하는 담당자들이 본인이 담당하는 종목에 대한 이해를 높이기 위해서 실제로 경기관람도 하고 직접 배워봐야 하는데, 실제로 그렇게 되는 경우는 많지 않다. 개인적으로 늘 아쉬운 점 중의 하나이기도 했다. 그렇다고 담당하는 종목을 강압적으로 배우라고 할 수도 없는 노릇이다. 그래서 나는 팀별 조직구성이 아니라 스포츠 브랜드답게 종목별로 전문성을 갖춘 담당자들이 모여서 TF 조직을 만드는 게 훨씬 진정성 있지 않겠냐는 이야기를 자주 했다. 물론 관리적인 측면이나 다른 이유로 그렇게 되지는 않았지만, 이러한 문제는 분명 어떠한 형태로든 개선이 되어야 한다고 생각한다.

선수와의 신뢰는 스폰서십에서 매우 중요한 요소다. 좋은 조건으로 계약하는 것도 중요하지만, 계약 이후에 선수들과 얼마만큼 신뢰를 쌓느냐가 성공적인 스폰서십의 조건이다. 그런데도 이러한 예상치 못한 제품 이슈들이 생겨버리면 선수들은 브랜드와 제품에 대한 신뢰를 한순간에 잃어버리고 관련 내용은 선후배와 동료 선수들에게 순식간에 퍼지게 된다. 말 그대로 브랜드 신뢰를 잃어버리는 건 순식간이라는 이야기다. 그래서 스포츠 마케팅팀에서 유관부서 담당자들과의 커뮤니케이션을 중요하게 생각해야 하고 서로 긴밀하게 업무를 공유하면서 놓치는 부분이 없도록 확인하고 또 확인해야 한다. 그 역할을 스포츠 마케팅팀이 해야 한다.

제32화
소외감

　스포츠 브랜드로 넘어와서 성과측정을 위한 KPI(핵심성과지표)를 처음 작성하는데, 구단과는 너무 다른 방식에 적잖게 당황했다. 보통은 정확하게 성과를 측정할 수 있는 정량적인 지표들의 비중을 높여서 KPI로 작성하는데, 브랜드에서는 정량적인 지표는 없고 거의 정성적인 지표들뿐이었다. 정성적인 지표들이 많다는 것은 측정 가능한 성과보다 그 외적인 감정적인 요인들로 나의 역량이 평가될 수 있다는 말과 같다. 조금 더 쉽게 말하면, 나의 인사고과는 나의 실력과 역량보다는 평가하는 자리에 있는 사람의 입맛에 얼마큼 잘 맞는지를 기준으로 평가할 확률이 높아질 수도 있다는 이야기다. 그래서 KPI는 보통 감정적인 부분을 최소화하고 평가할 수 있도록 정량적인 지표의 비중을 높이는 게 일반적인데, 브랜드에서는 이런 정량적인 지표보다는 정성적인 것들을 중요시했다. 물론 스포츠 마케팅의 성과가 즉각적인 매출이나 회사의 성장에 얼마나 기여했는지 측정하기가 어렵다는 것은 알고 있었지만 모든 것이 낯설었다.

구단에서 나름 인정받고 내 업무에서 있어서만큼은 자부심을 가지고 일했던 터라, 나는 당연히 브랜드에서도 인정받을 거라는 믿음이 있었다. 하지만, 첫 번째 인사고과 발표 날 생전 처음 받아보는 알파벳에 너무 크게 당황했다. 아무리 상대평가라 하더라도 믿을 수 없는 고과에 의아해서 팀장님과 따로 면담했을 정도로 큰 충격이었다. 팀장님은 구단과는 다른 인사평가 방식의 허점에 대해서 내가 이해할 수 있도록 충분한 설명을 해주려고 했고, 나는 이해할 수는 없지만 어쩔 수 없이 받아들이기로 했다. 결과도 중요하지만, 무엇보다 인사평가자가 원하는 대로 얼마나 잘 맞춰서 일하는 사람인지가 고과의 가장 큰 척도라는 생각을 지울 수 없었다.

인사고과 시즌에 팀 동료들과 관련 이야기를 나눌 기회가 있었는데, 그들이 가장 안타깝게 생각하는 것 역시 스포츠 마케팅이라는 조직의 특수성에 대해서 회사가 잘 인정하지 않는다는 점이었다. 정성적인 평가 이전에 본인이 담당하는 종목의 선수나 팀의 성적이 고과에 반영되길 원했다. 논란의 여지는 있을 수 있지만, 좋은 선수나 팀을 발굴해서 그들이 브랜드의 제품을 착용하고 좋은 성적이 낼 때는 이런 부분이 회사의 성장에 기여했다는 점을 인정해주면 좋겠다는 생각이 들었다. 성적은 브랜드와 상관없는 복불복이 아니냐는 의견도 있었지만, 나는 이런 의견에 동의하지 않는다. 좋은 경기력에 영향을 미치는 여러 가지 요소 중에서 용품과 의류는 매우 중요한 부분을 차지한다. 브랜드에서 정량적인 평가를 위해 만들 수 있는 지표가 제한적임을 고려할 때, 담당 종목의 성적 비중이 적게라도 평가지표로 들어올 수 있다면 스포츠 마케팅팀에는 큰 동기부여가 될 것이라는 생각 때문이었다.

하지만, 스포츠 브랜드에서 내가 경험하고 느꼈던 가장 중요한 업무는 기획, 디자인, 영업 이렇게 3개 팀이다. 이 팀에 속해있으면 상대적으로 좋은 인사고과와 인센티브를 받을 확률이 크다고 나뿐만 아니라 많은 사람이 생각했다. 스포츠 마케팅팀의 역량 평가에 있어서 팀에서 생각하는 KPI와 조직에서 생각하는 KPI의 괴리감이 꽤 컸다. 아무리 열심히 해도 상대적으로 소외될 수밖에 없는 시스템 속에서 스포츠 마케팅의 업무 특수성을 인정해줬다면 하는 아쉬움이 늘 있었다. 스포츠 브랜드에서 스포츠 마케팅은 냉정하게 그렇게 중요한 포지션이 아니다. 그래서 일하면서 상대적인 소외감과 외로움을 느낄 때가 있다는 것을 알았으면 좋겠다.

제33화
1년 내내 전략

  스포츠 브랜드에서의 전략은 매우 중요한 비중을 차지한다. 패션업계의 특성상 빠르게 변하는 트렌드를 따라 잡아야 하며, 나날이 경쟁이 치열해지는 국내외 스포츠 브랜드의 런칭이 항상 위기감을 만들기 때문이다. 전략을 치열하게 고민하고 미리 시장을 선점해나가는 것이 경쟁사보다 우위를 점할 수 있다는 것에는 동의한다. 하지만, 치열해지는 시장 상황의 위기감에 쫓겨 조급함으로 전략을 준비하는 것은 비효율적이다. 스포츠 브랜드에서 전략을 이제는 1년도 전에 준비하기 시작한다. 당장 한 치 앞을 예측해도 맞을지 안 맞을지 모르는데, 당장 2년 뒤의 트렌드를 예측하고 전략을 짜야 하는 것들은 꽤 비효율적이라는 생각을 많이 했다. 보통 과거 전략에 맞춰 진행된 실행된 마케팅을 리뷰하고, 그 리뷰를 통해서 자의와 타의에 의해서 철저한 자기반성을 하게 된다. 그리고 앞으로 하게 될 먼 미래의 전략을 구상한다. 사실, 스포츠 마케팅팀은 이런 전략에 있어서만큼은 다른 부서에 비해 상대적으로 자유로운 편이긴 하다. 기본적으로 기획팀과 디자인팀에서 제품전략이 먼저 나와야 그 이후에 그 제품에 맞는 종목과 그 종목에 맞는 선수와 팀을 찾기 때문이다.

스포츠 마케팅팀의 전략은 크게 스폰서십과 이벤트로 나누어진다. 스폰서십은 제품별 라인업이 완성되면, 그 제품에 맞는 선수와 팀을 찾아서 후원하는 업무다. 스폰서십이라는 게 사실 말이 쉬워 보이지만, 때로는 수많은 경쟁사와의 무한경쟁에서 선수나 팀과 신뢰를 쌓아야하므로 원하는 선수와 팀을 입맛대로 후원할 수 있는 경우는 많지 않다. 그래서 보통 플랜 B, C를 가지고 임하게 된다. 이벤트의 경우는 보통 경쟁 브랜드에서 하지 않는 새로운 컨셉의 대회를 만들려고 하는 편이다. 그래야 시장에서 소비자의 관심을 불러일으킬 수 있기 때문이다. 무엇이든지 새롭고 신선해야 이벤트가 성공할 확률이 높아진다. 전략자료를 버전 12까지 만들어 본 적이 있는데, 이 말은 처음 작성한 전략자료에서 열 한 번의 수정을 거쳤다는 말이다. 말이 열 한 번이지 한 번씩 수정할 때마다 물리적으로 투입해야 하는 수차례의 미팅과 시장조사를 고려하면 농담이 아니라 일 년 내내 전략자료를 만들었다는 말이기도 하다. 가끔은 처음 전략자료에 들어가 있던 내용이 그때 당시는 맞지 않는다고 판단돼서 빠졌는데,

나중에 보니 그 내용이 다시 들어오는 웃지 못하는 상황도 발생한다. 전략자료를 보고받고 결정하는 경영진도 그때그때 생각이 달라지는 것이다. 그만큼 시장 상황이 예측할 수 없이 빠르게 변하면서 사람들의 생각에도 지속해서 영향을 준다.

전략자료를 이렇게 오랫동안 수정하고 검토하는 이유는 불안함 때문이다. 어떤 행동이라도 멈추지 말아야 경쟁사들보다 앞서 나갈 수 있다는 착각에서 비롯된 것으로 생각한다. 그래서 스포츠 브랜드의 많은 담당자들이 전략으로 인해서 큰 고통(?)을 받는다. 특별한 가이드라인 없이 일단 시작하고 보자는 비효율적인 방식 때문에 결국엔 지치기 때문이다. 이런 이유로 업계에서는 전략자료와 관련해서 '과거를 리뷰하고 미래를 예측하다 현재를 놓친다'라는 명언이 있기도 했다. 전략을 수립하는 기간에 가끔 업계 담당자 모임에 가면 모두 지친 표정이 역력하다. 마른걸레 짠다고 표현할 정도로 고통스러운 시간을 보내는 것이다. 개인적으로 스포츠 브랜드의 전략이라는 것은 1년 이상을 예측하는 것은 비효율적이라고 생각한다. 오늘과 같은 시장 환경에서 더 중요한 것은 예측보다는 대응이다. 미래예측은 큰 그림만 그려놓고 그때그때 발생하는 이슈에 맞춰서 빠르게 대응하는 것이 경쟁력을 갖추는 더 효율적인 방법이라고 생각한다. 확실한 것 하나는, 예측이든 대응이든 무엇을 하기 위해서는 스포츠 마케터는 많은 종목의 시장 상황과 이슈들을 항상 모니터링하고 있어야 한다는 것이다.

제34화
'출장'복 '일'복

    스포츠 브랜드에서 출장 갈 일은 생각보다 많다. 일단 국내 출장은 담당하는 선수와 팀들의 주요 경기 일정에 맞춰서 전국으로 모니터링하러 다니기 때문에 당연하다. 해외 출장은 보통은 일 년에 1~2번의 기회가 있는데, 가깝게는 아시아와 멀리는 유럽까지 그 종목별 이슈에 따라 달라지는 편이다. 아시아 쪽으로 가는 출장은 보통 후원하는 야구팀의 스프링캠프 일정에 맞춰서 제품 테스트를 위해 짧게 가는 경우가 많다. 그리고 유럽으로 가는 출장은 해외 시장조사 명목으로 가는데, 글로벌 이벤트에 참관해서 새로운 기회를 찾아보기 위해서다. 이런 해외 출장은 회사생활에 있어서 동기부여가 되기 때문에 웬만하면 모두가 가고 싶어 하는 편이다. 나는 스포츠 브랜드에서 4년 넘게 있으면서 해외 출장을 딱 2번 갔다. 사실, 내가 욕심을 부렸더라면 열 번도 갈 수 있었을 텐데 이런저런 이유로 해외 출장을 동료들에게 양보했더니 갈 일이 많지가 않았다. 한 편으로는 운도 따르지 않았다.

한 번은 정말 가고 싶었던 하와이에서 열리는 스포츠대회에 갈 기회가 있었다. 오랫동안 관련 자료를 준비하고 시장조사까지 마치고 드디어 하와이 출장만을 남겨두고 있었다. 출장을 다녀오면 비슷한 컨셉으로 한국에서 대회를 기획하고 만들어야 했는데, 당시에 나는 이미 한계에 도달한 업무량 때문에 이 업무를 감당할 자신이 없어서 이 출장 기회를 팀 내 친한 동료에게 양보했다. 동료는 출장을 다녀오고 해당 이벤트를 본인이 담당하겠다며 즐거운 마음으로 출장을 다녀왔다. 하지만 그 이벤트는 담당자가 바뀌지 않고 계속 나의 업무로 남았다. 오랫동안 준비해왔기 때문에 내가 가장 잘할 수 있을 거라는 판단과 그 동료 역시 새로운 업무를 맡게 됨에 따라 그 업무를 할 여유가 없어졌기 때문이다. 나는 그렇게 하와이 출장은 출장대로 못 가고, 일은 일대로 다 해야 하는 불운에 웃지도 울지도 못했다.

또 한 번은 프리미어12라는 국가대항 야구대회에서 한국대표팀이 우승했는데, 대표팀의 요청도 있었고 지급한 제품에서 혹시나 문제가 생길까 봐 걱정도 되어서 스폰서 자격으로 대회에 동참하기로 했다. 결승전에 담당 후배와 함께 출장 갈 계획이었는데, 이 기회도 당시 조직개편에 따라 어쩔 수 없이 자의적으로 다른 동료에게 양보하게 되었다. 출장과 관련해서는 팀 내에서도 불운의 아이콘일 만큼 운이 따르지 않았다. 물론, 상당수는 자의적으로 양보한 부분들이 많았지만 그렇게 양보할 수밖에 없는 상황들이 출장 가려는 내 발목을 잡았다. 스포츠 마케터는 국내외 출장 기회가 생각보다 많다. 출장을 가기 위해서 가장 필요한 것은 명분인데, 이 명분이라는 것을 내가 어떻게 만들고 준비하느냐에 따라서 갈 수 있는 출장의 범위가 다양해진다. 내가 관심 있고 가고 싶은 이벤트가 있다면, 어떻게 나의 업무와 회사에 도움이 되도록 만들 수 있는지 잘 포장하고 설득하는 과정을 거치면 어디든 갈 수 있다는 게 나의 생각이다. 물론 출장을 다녀오면 뒤따르는 업무 후폭풍은 당연히 감당해야 한다.

제35화
비인기 종목

나는 스포츠 시장을 예측하는 데 있어서만큼은 남들보다 촉이 좋다고 자신한다. 그 촉이라는 것은 앞으로 어떤 종목과 어떤 선수가 이슈가 될 것이라는 예측을 잘하는 편이기 때문이다. 스포츠 브랜드에 있는 동안 나는 늘 비인기 종목과 비인기 선수의 잠재적 가치에 대해서 눈여겨봐야 한다고 주장했다. 이미 탑 클래스에 있는 선수들을 접촉하고 후원하는 것은 어떤 브랜드나 할 수 있는 일이지만, 스포츠 브랜드로써 진정성 있는 가치를 만들어내기 위해서는 경쟁사가 눈여겨보지 않는 소외된 시장을 봐야 한다고 생각하기 때문이다. 이런 곳에서 스토리가 만들어지고, 그 스토리가 자연스럽게 바이럴 되는 것이 가장 효과적이고 효율적인 스포츠 마케팅이라는 생각을 한다.

스포츠 브랜드에서 선수나 팀을 후원하는 조건은 크게 현물(제품)만 지원하는 경우와 현물과 현금을 함께 지원하는 경우로 나닌다. 당연히 회사에서는 현금의 비중을 줄이고 현물을 지원하는 쪽을 선호한다. 현금지원은 부담도 될뿐더러 그 가치가 외부로 잘 보여지지 않지만, 제공된 현물(제품)은 선수를 통해서 즉각적으로 노출되는 효과를 가지고 있기 때문이다. 즉, 가성비가 좋기 때문이다. 평소 눈여겨보던 비인기 종목과 비인기 선수는 보통 현물만을 가지고 스폰서십 계약을 할 수 있는 경우가 대부분인데, 가끔 내가 확신을 가지고 선수들을 발굴해서 후원하고자 할 때마다 회사에서는 가성비를 떠나서 대중의 관심에서 멀어져 있는 선수를 후원하는 것 자체에 대해 반론을 제기하며 반려할 때가 많았다. 근데 이렇게 당시에는 후원하지 못하도록 했던 선수들을 시간이 흐른 뒤에 결국에 적지 않은 현금까지 지원하며 계약을 체결하는 경우가 종종 있었다. 나는 그때마다 당시에 현물만 주고 계약했어도 지금처럼 수십 배에 해당하는 금액을 지출하지 않아도 될 일을 이렇게 그르쳤다며 볼멘소리를 했다. 그런 케이스가 한두 번이 아니었기에 그렇게 놓친 선수들만 제때 계약했어도 최소한 수억 원은 아낄 수 있었을 텐데 말이다. 브랜드 차원에서도 아쉬운 일이지만 개인적으로도 아쉬운 일들임이 틀림없다. 회사와 개인 모두 인정받을 기회를 날려버린 것 자체에 대한 아쉬움과 그 과정에서 끝까지 설득해내지 못한 나의 부족함에 대한 아쉬움이 늘 함께 남아있다.

수년 전에 스포츠 마케터가 되기 위해 준비하는 학생들을 대상으로 한 강의에 나간 적이 있다. 강의 말미에 비인기 종목을 강조하던 나에게 한 학생이 앞으로 눈여겨 봐야할 종목과 선수를 추천해달라고 했던 적이 있었다. 내가 그때 앞으로 눈여겨볼 종목과 선수로 언급한 것이 테니스 종목과 주니어 선수였던 정현이었다. 당시 나의 이런 주장에 대부분 공감하는 분위기는 아니었다. 하지만 수년이 흐른 뒤에 정현 선수는 대한민국 테니스를 대표하는 월드클래스의 선수가 되었고, 테니스는 참여 스포츠로서 한 단계 성장하는 계기가 되기도 했다. 2021년 현재, 테니스는 젊은 사람들 사이에서 '테린이'라는 신조어가 생길 정도로 가장 핫한 종목이 되었다.

(학생) "비인기 종목을 눈여겨봐야 한다고 말씀하셨는데요, 추천해줄 종목과 선수가 있으실까요?"
(나) "저는 테니스가 수년 내에 스포츠 트렌드로 올 수 있다고 생각합니다. 우수한 선수 한 명이 불씨를 지펴줄 수만 있다면, 테니스는 열풍이 될지도 모릅니다. 그 가능성을 가진 선수가 바로 테니스 유망주인 정현 선수입니다. 실력도 좋지만, 기본적인 인성과 노력하는 자세가 놀라울 정도로 훌륭합니다. 좋은 스폰서들이 붙는다면 분명

좋은 선수로 성장할 겁니다."

    스포츠 마케터라면 미디어를 통해서 접하는 인기종목과 유명한 선수만 관심 있게 지켜봐서는 안 된다. 그것들은 누구나 알고 있는 지식이지 정보가 아니다. 남들이 잘 모르는 종목과 선수에 대한 이해와 나만의 인사이트를 가지고 있어야 스포츠 마케터의 경쟁력이 될 수 있다.

제36화
메르스와 스포츠 이벤트

　스포츠 브랜드를 중심으로 시작된 10km 러닝대회가 우후죽순으로 생겨나면서 더 이상 젊은 러너들로부터 예전만큼의 호응을 얻지 못하는 시대가 왔다. 10km 러닝대회에 대한 피로감이 쌓이면서 대회 자체로는 새로운 자극이 될 만한 요소들이 부족해졌기 때문이다. 당시에 나는 이런 시장의 상황을 이해하고 새로운 기회를 만들고자 듀애슬론이라는 대회를 만들었다. 트라이애슬론에서 수영을 제외한 러닝과 사이클에 결합 된 대회를 젊은 감각으로 재구성해보고 싶었다. 트라이애슬론이라는 종목을 떠올렸을 때 가장 먼저 생각나는 것이 4~50대 아저씨들의 스포츠라는 이미지와 공간적인 이슈 때문에 지방에서 진행되는 비주류 스포츠 대회라는 이미지였다. 이 대회를 서울 한복판에서 2~30대 젊은 동호인들이 즐길 수 있도록 판을 만들어주면 충분히 승산이 있다고 생각했다. 10km 러닝대회에 피로감을 느끼고 있는 러너들에게 당시 새롭게 떠오르는 사이클이라는 종목을 접할 기회를 만들어주고, 반대로 사이클 동호인들에게는 러닝을 경험할 수 있도록 하고 싶었다. 그러면 자연스럽게 양쪽의 시장이 함께 커질 수 있고 듀애슬론이라는 종목에 있어서 리딩 브랜드로 자리매김하리라 생각했다.

막상 대회를 서울 한복판에서 하려고 보니 해결해야 하는 문제들이 수 백 가지였다. 가장 어렵고 중요한 문제가 서울광장 임대와 도로 통제였다. 집결지를 서울광장으로 사용하고 사이클 코스는 남산으로, 러닝 코스는 청계천으로 설계했는데 이와 관련된 이해집단이 너무 많았다. 당장 서울광장을 상업적으로 브랜드에서 사용하는 것 자체에 대한 반대의 목소리가 커서, 이를 설득하기 위한 물밑작업과 명분을 만드는데 꽤 오랜 시간이 걸렸다. 도로 통제와 관련해서는 일단 경찰청의 협조가 필요했는데 설계한 코스를 모두 사용하기 위해서는 4개 지구의 경찰서와 조율해야 했다. 이 역시 4개 지구별로 상황이 모두 달랐기 때문에 모두의 요구사항을 반영해서 도로 통제의 기준을 만드는 것 또한 쉽지 않았다. 또 전혀 예상치 못했던 YTN과 관광버스조합과의 문제도 생겼는데, 남산에 위치한 YTN은 방송 송출 중에 문제가 생겼을 때 도로를 통제하게 되면 YTN 측의 출입에 제한이 생겨서 적절한 대응이 불가능함을 이유로 계속 반대의 목소리를 냈고, 관광버스조합에서는 중국인 관광객을 태운 관광버스가 아침부터 남산을 왔다 갔다 하는데 영업에 있어서 큰 차질이 생긴다는 이유를 들어서 역시 반대의 목소리를 냈다. 이런 굵직한 단체와의 협상 외에도 너무 많은 이해관계자와의 조율이 필요했는데, 이 조율과정을 거치면서 너무 큰 스트레스를 받아서 다음 날 눈뜨기가 싫을 정도였다.

아무튼, 우여곡절 끝에 모든 조율을 마치고 대회를 순조롭게 준비하고 있었는데, 갑자기 사회적으로 큰 이슈가 된 메르스 사태가 터지고 말았다. 메르스와 관련된 이슈가 일파만파 커지면서 정부의 가이드에 따라 사람들이 모이는 장소와 행사는 줄줄이 취소되었고, 준비하던 듀애슬론 대회도 불가피하게 취소하고 연기할 수밖에 없었다. 대회를 취소하고 연기하는 날 큰 허탈감에 빠질 틈도 없이 새롭게 잡은 일정에 맞춰 대회 준비를 처음부터 다시 시작해야 한다는 압박에 사로잡혀 무서울 정도였다. 결국, 대회 준비와 관련된 모든 과정을 리셋하고 다시 시작하게 되었고, 우여곡절 끝에 6개월이면 끝날 대회를 1년이 넘게 준비해서 결국은 진행할 수 있었다. 다행히 긴 준비과정만큼 대회는 어떤 사고도 없이 잘 끝났고, 서울광장과 청계천 그리고 남산순환로를 모두 사용하는 역사상 첫 번째 스포츠 대회로 끝마칠 수 있었다. 그리고 그해 겨울 나는 서울시에서 가장 성공적인 스포츠 대회를 만든 공로를 인정받아 서울시장이 수여하는 표창장을 받았다. 만약 누군가 이 대회를 다시 설계하고 다시 준비하라고 하면 할 수 있겠냐는 생각이 든다.

스포츠 마케터는 내가 의도하지 않은 다양한 변수에 직면할 때가 있다. 그럴 때마다 어떤 방법으로 그 문제를 해결해 나갈 것인가 고민해보는 플랜 B를 잊어서는 안 된다. 계획대로 되는 스포츠 마케팅은 절대 없다. 그런 변수를 통제하고 대응하는 것 또한 스포츠 마케터로서의 역량이다.

제37화
불편한 대행사

스포츠 마케팅팀 팀장으로 나는 3명의 팀원과 함께 2개 브랜드를 담당했다. 팀장이 되면서 드디어 내가 해보고 싶었던 많은 스포츠 마케팅 활동을 할 수 있을 거란 생각에 엄청난 의욕을 가지게 되었다. 하지만 전략을 짜고 실행하면서 팀원들과 성취감을 맛보기도 전에 커다란 벽에 가로막히게 되었다. 내가 모셨던 임원이 퇴직하고 차린 대행사와 업무적으로 엮이면서 불편한 관계에 놓이게 된 것이었다. 대행사는 말 그대로 클라이언트가 원하는 방향의 업무를 효율적으로 진행하는 데 도움을 주는 것인데, 대행사의 대표가 내가 모시던 전직 임원이다 보니 대행사의 역할을 기대할 수 없는 상황이었다. 물론 대표님이 가진 역량과 네트워크는 높이 샀지만, 그것과는 별개로 내 마음이 불편한 건 어쩔 수 없는 일이었다. 이러다 보니 우리가 오히려 대행사의 눈치를 보게 되고, 팀원들은 대행사와의 관계에서 받는 스트레스와 불만 사항을 끊임없이 토로하는 상황이었다.

　노력은 했지만, 결국엔 이런 상황을 탈피하기 위한 그간의 내 노력이 소용이 없다는 걸 깨닫고 그때부터 상황을 있는 그대로 받아들이고 인정하기로 했다. 그리고 나는 나의 팀원들을 불러다 놓고 이야기했다. 냉정하게 우리가 바꿀 수 있는 것이 별로 없을 것 같으니 받아들이자고. 다만, 내가 해줄 수 있는 건 업무를 진행하는 데 있어서 사고만 치지 않으면 본인 업무와 관련해서 어떤 일을 하더라도 전혀 관여하지 않겠다고 공언했다. 본인의 업무와 시간 사용은 스스로 결정해서 하라고 정말 최소한의 가이드라인만 제시했다. 최소한 우리끼리 업무를 하면서 최소한 팀장이 주는 스트레스만큼은 없도록 해주고 싶었다. 그래서 어떻게든 팀원들이 즐겁게 일할 수 있는 분위기를 만드는 데 주력했다. 월요일 아침이면 1시간씩 늘 개인적인 고민과 업무를 공유하면서 각자 어떻게 업무 일정을 짰는지 들어보는 시간을 가진 이후에는 따로 신경 쓰지 않았다. 팀장인 나보다 팀원들이 스포츠 현장에 대해서 더 정확하게 알고 있을 테니 스스로 알아서 잘해나갈 거라는 믿음을 계속 주었다.

　처음에는 이런 자유를 낯설어하고 눈치 보던 팀원들도 나중에는 편하게 외근을 나가고 눈치 보지 않는 등 자율을 동반한 업무 스타일에 익숙해졌다. 심지어 나중에는 팀원들이 이직에 대한 상담도 팀장인 나에게 할 정도였고, 나도 이런 팀원들의 진로에 더 도움이 될 만한 기회가 있으면 소개해줄 정도로 우리의 관계는 어떤 팀보다도 돈독했다고 지금도 자부한다. 이후로 나는 내 일을 제대로 할 수 없는 환경으로 인해서 일에 열정을 많이 내려놓게 되었고, 일보다는 함께 일하는 팀원들의 즐거운 업무환경 조성에 신경을 많이 쓰게 되었다. 그것이 팀장으로서 내가 할 수 있는 가장 합리적이고 인간적인 선택이라고 생각했기 때문이다. 이런 상황은 결국 나중에 나에게 새로운 선택을 하게 만든 가장 큰 이유가 되었다. 나의 의지와 상관없이 만들어진 환경 속에서 일해야 할 때도 있다는 것은 이해할 수 있지만, 그것들이 점차 나를 불편하게 만들면서 스포츠 브랜드에서 내가 할 일이 끝났다는 걸 알았다.

제38화
탄력근무와 워라밸

 이런저런 이유로 내 일에 대한 열정을 어느 정도 내려놓고 보니, 자연스럽게 삶의 밸런스에 대해서 많이 고민하는 시간을 가지게 되었다. 내가 열정을 가지고 일하고 싶어도 그럴 수 없는 환경으로 스트레스를 받을 바엔 회사 밖에서 즐거움과 행복을 찾고자 했다. 그래서 나는 아이와 더 많은 시간을 보내려고 탄력근무를 사용하기로 마음먹었다. 보통은 출퇴근 시간에 차 막히는 것이 싫어서 아침 7시 정도면 회사에 도착하는데, 이렇게 된거 퇴근이라도 빨리해서 아이와 많은 시간을 보내야겠다고 생각했다. 이때가 불과 6~7년 전임에도 불구하고 지금의 근무환경과는 전혀 다른 모습이었다. 특히 탄력근무는 취업규칙에 글자로만 있는 무의미한 조항에 불과했고, 회사 창립 이래로 특별한 사유가 없이 단지 육아를 위해 남자 직원이 사용한 사례가 없었다. 그런 이유로 남자 팀장인 내가 탄력근무를 하겠다는 것은 회사에서 딱 욕먹기 좋은 선택이었다.

하지만, 나는 내 선택을 밀어붙였고 오랜 설득과정 끝에 7시 30분에 출근해서 4시에 퇴근하는 육아 탄력근무를 할 수 있게 되었다. 나의 탄력근무는 회사에서 큰 이슈가 되었다. 한 편으로는 이해하지 못하는 사람도 있었지만, 대다수는 나의 용기 있는 선택을 부러워했다. 4시에 퇴근하면 도대체 일을 다 할 수 있긴 하는 거냐는 질문이 많았지만, 오히려 아무도 없는 오전 2시간에 집중해서 일하는 시간이 일반적인 근무시간의 4시간 이상의 효율을 만들었다. 그 시간만큼은 전화도 메신저도 완벽하게 차단되었기 때문에 온전히 내 일에 집중할 수 있었다. 처음에는 반신반의했던 동료들도 나중에는 모든 일을 처리하고 4시에 칼퇴근하는 나를 이해하고 인정하게 되었다.

문제는 동료들이 아니라 나의 상관들이었다. 겉으로는 쿨 하게 탄력근무를 결재했지만, 늘 이면에는 나의 이런 근무시간에 대해 불만 아닌 불만을 품고 있었다. 특히, 외부에 미팅이라도 함께 가는 날이면 미팅 자리에서 상대방에게 나의 탄력근무를 화두로 꺼내 비꼬기도 했는데, 오죽하면 함께 미팅에 참석했던 후배가 나에게 괜찮냐고 물을 정도였다. 이런 상황이 알게 모르게 반복되자 와이프는 나를 위로하며 힘들면 이직을 하든지 탄력근무를 철회하든지 하라고 조언했다. 탄력근무를 사용하는 것이 내 욕심인가 싶어서 이렇게 스트레스를 받을 바엔 안 하는게 낫겠다 싶었다. 하지만 시간이 지날수록 아이와 함께 보내는 시간을 포기할 수 없어서 점점 오기가 생겼다. 그래서 나는 꿋꿋이 버티기로 했다. 그래서 처음에는 몇몇 상관들의 그런 태도에서 굉장한 불쾌감을 느꼈지만, 이것도 나중에는 내가 오히려 대수롭지 않게 넘기고 흘려들을 수 있게 되면서 더이상 나에게 큰 불편함이 되지 못했다. 이 시점에 나는 내 일과 인생에 있어서 매우 많은 것들을 고민하고 결정하게 되었다. 특히, 시간을 효율적으로 사용하면서 업무와 개인의 삶의 밸런스를 맞춰나가는 연습을 많이 하게 되었고 일에 대한 가치관이 많이 바뀌게 됐다. 분명 힘든 어려운 선택이었고 힘든 시간이었지만 그 선택과 시간 때문에 나는 전혀 새로운 패러다임으로 세상을 바라볼 수 있게 되었다.

제39화
다시, 안정보다 도전

 뭐든지 즐겁게 일할 수 있어야 좋은 결과를 가지고 온다고 생각한다. 스포츠 브랜드에서 4년을 일하고 나니 이제는 어떤 재미도 찾을 수 없었다. 익숙해진 업무와 나쁘지 않은 보상을 보면서 앞으로 3~5년 정도는 더 편하게 일할 수 있었지만, 나는 또다시 안정보다는 변화를 선택하기로 했다. 더 이상 열정 없이 일하는 내 시간이 너무 아까웠고, 또 다른 배움과 자극이 있는 곳에서 열정을 불태우고 싶었다. 그래서 나는 스포츠 브랜드를 떠나기로 마음먹었다.

 이때 이직을 결심하고 나서 계속 고민했던 것이 마케팅과 스포츠 마케팅의 간극이었다. 나는 스포츠 마케팅과 관련해서 10년 넘게 커리어를 쌓아왔는데, 연차가 쌓일수록 스포츠 마케터로서 갈 수 있는 자리가 타 산업에 비해서 극도로 좁다는 것을 반복적으로 느끼고 있었다. 아마 10년 이상의 커리어를 가진 스포츠 마케터라면 누구나 느끼는 공통된 고민거리일 것이다. 나는 기회가 된다면 스포츠 마케팅을 아우르는 광범위한 마케팅 업무를 경험하고 싶었다. 그래야 나중에 더 큰 기회가 있을 거란 생각 확신 때문이었다. 하지만, 시장과 현실은 나를 철저하게 스포츠 마케팅전문가로 포지셔닝하고 있었고, 나에게 오는 제안들은 100% 스포츠 마케팅과 관련된 포지션들이었다. 고민은 많았지만, 이 시기에 새로운 산업과 포지션들을 공부하면서 다시 한번 슬금슬금 올라오는 나의 일에 대한 열정을 느낄 수 있었다. 어디서든 즐겁게 일할 수 있는 에너지가 충전돼가는 걸 느꼈다.

스포츠 마케터는 산업의 폐쇄적인 특성 때문에 위로 올라갈수록 이동할 수 있는 자리가 굉장히 제한적이다. 그래서 제대로 커리어를 관리하지 못하면 이 산업에서 빨리 도태될 수밖에 없다. 그래서 선배 스포츠 마케터들도 진로에 대해서 고민은 했지만, 결국엔 빠르게 변화를 선택하지 않은 것들에 대해서 후회하기도 했다. 스포츠 마케터가 일반적인 마케터 포지션으로 넘어가는 것은 생각보다 너무 어렵다. 그래서 스포츠 마케터가 되기 전에 얼마만큼 내가 이 직군에서 커리어를 잘 관리할 수 있을지 장기적인 로드맵을 그려보고 고민해보는 과정이 필요하다. 이런 과정 없이 앞만 보고 달렸다가 다시 뒤로 돌아오지 못하고 낭떠러지로 떨어질 수 있기 때문이다.

제40화
투르 드 프랑스

　고민 끝에 한국에서 새로운 사업을 전개하는 외국계 스포츠 IT 회사의 한국지사 런칭 멤버로 새로운 도전을 해보기로 결정했다. 갈 곳을 정한 뒤에 바로 회사에 통보하지 못했는데, 이유는 꼭 한번 가보고 싶었던 해외 출장이 코앞에 기다리고 있었기 때문이었다. 내가 수년 동안 스포츠 브랜드에서 일하면서 꼭 가보고 싶었던 글로벌 3대 사이클 대회 중 하나인 '투르 드 프랑스'에 출장을 가기로 되어있었다. 퇴사 직전 3개월 내의 해외 출장비용은 100% 다 상환해야 하는 회사 규정을 알고 있었지만, 그럼에도 나는 파리에 그 대회를 보러 가보고 싶었다. 오래전부터 내가 얼마큼 이 대회를 가보고 싶어 했는지 잘 아는 와이프도 스포츠 브랜드에서 고생한 나에게 주는 마지막 선물이라고 생각하고 다녀오라고 격려했다. 비록 다녀와서 5백만 원이 넘는 비용을 퇴직금에서 공제했지만, 나는 그 이상의 값진 경험을 하고 왔다.

내 돈으로 시장조사와 여행을 겸해서 다녀온 파리에서 나는 지난 4년의 스포츠 브랜드의 스포츠 마케터 커리어를 뒤돌아보고 정리하는 시간을 가졌다. 다시 시작하기 위한 모든 마음의 준비를 파리에서 마치고 왔다. 출장을 다녀오자마자 며칠 뒤에 사직서를 냈고, 몇 차례 면담을 거쳐서 나는 스포츠 브랜드를 떠나게 되었다. 마지막으로 동료들과 인사를 나누고 출입문을 나서면서 문득 지난 4년이 연극 같다는 생각이 들었다. 스포츠 브랜드라는 극장에서 스포츠 마케터라는 조연으로 열연했던 나의 마지막 공연이 이렇게 끝났다는 생각을 하며, 나는 커리어 3막을 시작하기 위해서 그 자리를 미련 없이 털고 나왔다. 프로구단에만 있었으면 전혀 몰랐을 더 넓은 스포츠 시장에 대한 안목을 스포츠 브랜드 4년을 통해서 배웠다. 분명 나는 더 성장했고 더 다양하게 볼 수 있는 경험을 쌓았다. 결과적으로 안정적인 프로구단을 떠나서 변화무쌍한 스포츠 브랜드를 선택했던 나의 결정이 틀리지 않았음에 감사했다. 지금까지 그랬던 것처럼 새롭게 도전하게 될 앞으로의 나에게 다시 한번 응원을 보내며 스포츠 브랜드의 스포츠 마케터로서의 커리어를 정리했다.

  스포츠 마케터로 현업에 있으면서 느꼈던 고민 중에는 글로 풀어내지 못할 만큼의 놀라운 이야기들도 있다. 하지만 그 고민과 경험들은 일반적이지 않을뿐더러 개인에 따라 받아들이는 정도가 다를 수 있을 것 같아서 과감히 뺐다. 내가 이 글을 통해서 바라는 것은 딱 하나다. 스포츠 마케터가 되기 전에 꼭 한 번이라도 내가 원하는 스포츠 마케터가 이런 모습이 맞는지 고민을 해보라는 것이다. 필요하면 업계에 있는 선배들을 수소문해서 진짜 이야기를 직접 들어보는 것도 방법이다.

  스포츠 마케팅 강의를 나가면 늘 스포츠 마케터의 현실을 얼마나 알고 있는지 물어본다. 하지만, 스포츠 마케터가 하는 일에 대한 이론적인 개념만 알고 있을 뿐이지 스포츠 마케터가 실제로 어떤 현실을 마주하며 일하는지에 대해 관심이 있거나 알고 있는 학생들은 거의 없다. 진짜 스포츠 마케터가 되고 싶으면 반드시 생각해볼 문제를 제쳐두고 일단 스포츠 마케터가 되고 싶다고만 말하는 그들이 시행착오를 겪을까 봐 안타깝다. 지금까지 누구도 스포츠 마케터가 되려는 친구들에게 딴지를 걸지 않왔다. 오히려 우후죽순 생긴 다양한 강의와 책은 그저 스포츠 마케팅 산업의 유망하고 밝은 모습만을 이야기한다. 이런 것들이 틀렸다는 것은 아니다. 다만, 그에 앞서 현업에 있는 선배들이 후배들에게 해줘야 하는 이야기는 불편하더라도 조금 더 솔직하고 직설적일 필요가 있다. 그것이 나를 포함한 선배들의 몫이라고 생각한다. 나를 시작으로 앞으로 현업에 있는 더 많은 스포츠 마케터들이 이 산업을 바라보며 꿈을 키우고 있는 후배들에게 지금까지 말하지 못했던 어렵고 힘든 경험을 공유해야 한다. 그것이 이 산업을 미래라고 생각하는 후배들에 대한 최소한의 예의일 것이다.

〈스포츠 마케터로 산다는 것〉은 지난 15년간 스포츠 마케터로 살아온 지극히 개인적인 내 이야기 중 프로구단과 스포츠 브랜드 10년간의 경험을 담았다. 한 번쯤은 지난 시간을 돌아보며 정리하고 싶었고, 더 많은 이야기를 담고 싶었지만, 이런저런 이유로 그러지 못한 부분들이 많다. 쓰다 보니 너무 안 좋은 모습들만 추려서 쓴 것이 아닌가하는 생각도 들었지만, 처음 생각했던 대로 이 책의 목적에 충실하기로 했다. 이 책이 스포츠 마케터를 꿈꾸는 누군가가 그 꿈을 단단하게 키워나가는 데 자그마한 도움이 되었으면 좋겠다. 비록 나는 스포츠 현장을 떠나있지만 지금까지 그래왔듯이 언제나 후배들에게 열려있다. 책 밖에서도 많은 후배를 만났으면 좋겠다.

나를 스포츠 마케터로 키워 준 지난 모든 시간과 사람들에게 감사함을 전한다.

* 지구를 위해 친환경재생지를 사용합니다.

스포츠 마케터로 산다는 것

초판 1 쇄 2022년 1월 25일
초판 3 쇄 2023년 8월 25일
지 은 이 롸이팅 브로
일 러 스 트 레나
펴 낸 곳 하모니북

출판등록 2018년 5월 2일 제 2018-0000-68호
이 메 일 harmony.book1@gmail.com
홈페이지 harmonybook.imweb.me
인스타그램 instagram.com/harmony_book_
전화번호 02-2671-5663
팩   스 02-2671-5662

ISBN 979-11-6747-032-4 03690
ⓒ 롸이팅 브로, 2022, Printed in Korea

값 15,000원

이 도서의 국립중앙도서관 출판예정도서목록(CIP)은 서지정보유통지원시스템 홈페이지(http://seoji.
nl.go.kr)와 국가자료공동목록시스템(http://www.nl.go.kr/kolisnet)에서 이용하실 수 있습니다.